文春文庫

大盛り！ さだおの丸かじり

酒とつまみと丼と

東海林さだお

文藝春秋

大盛り！

さだおの丸かじり

酒とつまみと丼と

目次

定食屋でビールを

丼症候群

揚げ物大好き

単品おしながき

食べる前に見よ

ある日のさだお

大盛り！ 解説編

大盛り！　さだおの丸かじり
酒とつまみと丼と

本書は、「週刊朝日」連載「あれも食いたいこれも食いたい」を文庫化した「丸かじり」シリーズ、『タコの丸かじり』（一九九四年八月刊）から『サクランボの丸かじり』（二〇二二年四月刊）まで、計四十二巻から抜粋した傑作選です。

本文デザイン　中川真吾
ＤＴＰ制作　エヴリ・シンク

定食屋でビールを

午後の定食屋

久しぶりに定食屋で食事をした。

「食事はやっぱり定食屋だ」

と改めて思った。

定食屋の食事は心が落ちつく。

ゆっくり味わえる。

ぼくの仕事場周辺には、昔ながらの定食屋が数軒あって、時に応じてあちこち利用しているのだが、今回の定食屋が一番ぼくに合っている。

最近の定食屋は、マックやすかいら－くなどに押されて苦戦中で、メニューもいま風の豚肉キムチ炒め、とか、豆腐大根サラダなどを取り入れたりしている。

その点この店は、そういうものを一切排除して、伝統的な定食屋メニューのみを墨守

している。

すなわち、サバ味噌煮定食、焼き魚定食（サンマとアジ。共に丸焼きと開きあり）、アジフライ定食、納豆、生卵、ほうれん草おひたし、キンピラ、焼き海苔などなど。

メニューに限らず、古典的定食屋には守るべき本道がいくつかある。

①まずドア。これは手動でなければならない。自動ドアの定食屋などもってのほかである。

②テーブル。デコラ。ないしはビニールクロス。

③イス。鉄パイプ製ビニール張り。色はグリーンないしは紺。

④メニュー。黒板に白墨書き。字は下手。達筆などもってのほか。
⑤主人。無愛想。多少の不機嫌。多少の偏屈。
⑥妻。同。
⑦服装。Tシャツ。前かけ。前かけに汚れ必要。コック帽、不可。
⑧インテリア。大型カレンダー。教訓カレンダー。カレンダーの下に天ぷら油の一斗缶が二缶積み重ねてあるが、これはインテリアではない。
⑨テレビ、必須。スポーツ新聞、漫画雑誌、必須。
⑩客入店時の「いらっしゃい」などの挨拶、不可。
⑪客注文終了時の「かしこまりました」、不可。

これらの条件をすべて遵守《じゅんしゅ》するのはむずかしいとは思うが、ぜひ守ってほしいものだ。

その店へ行ったのは午後二時ちょっと前だった。

その店では、前掲の遵守事項をすべてクリアしてくれた。

店に入って行ってテーブルにすわり、

「サバ味噌定食、納豆、ほうれん草おひたし」

と注文すると、かたわらに立って注文を聞いていた妻は、前掲遵守事項⑪を遵守しつつ去っていった。

サバ味噌煮定食、六八〇円。納豆、一〇〇円。ほうれん草おひたし、一五〇円。

客はぼくのほかは一人だけ。

ヒゲをはやしたTシャツの大男で、新聞を読みながら、肉野菜炒め定食らしきものを食べている。

四人掛けテーブル2、二人掛けテーブル2の小さな店だ。

一缶だが、天ぷら油の一斗缶もちゃんと電話台の横に設置してある。

道路に向いた二人掛けのテーブルにすわったので道を行く人が目の前に見える。

ぼくの頭の上にテレビがあり、したがって画面は見えないが、どうやら12チャンネルの時代劇をやっているようだ。

かくありたき
定食屋の備品
ウラ
パカ式
箸入れ
アルミの
皿
ビニール
クロス
パイプ
ビニール
ソース
七味

完成したサバ味噌煮定食を、遵守事項⑥を遵守しつつ妻が運んできて去って行った。

サバの味噌煮が大きい。普通の店の一・五倍はある。

ふと気がつくと、注文してないヒジキの小鉢がある。

例の大男のほうを見ると、そこにも同じ小鉢が見える。

どうやらサービス品らしい。

のぞましいたたずまい

とりあえず納豆を搔き混ぜる。

大きな容れもの。量が多い。壁面にカラシが塗りつけてある。

醬油をたらし、へばりついているカラシをけずり取ってていねいに搔き混ぜる。ゆっくり搔き混ぜる。

納豆をゆっくりと搔き混ぜている定食屋の静かな午後のひととき。

この時間に、納豆を搔き混ぜている人はたぶん世間にいないだろうな、などと思いながら搔き混ぜる。

ほうれん草おひたしにも醬油をかけて準備完了。

まず味噌汁をひと口。おー、熱い。びっくりするほど熱い。具は短冊に切った大根だけ。ダシがきいていてとてもおいしい味噌汁だ。

サバ味噌煮にいく。

寿司屋ではコハダを食べてみるとその店の実力がわかると言われている。

定食屋でそれに相当するのがサバの味噌煮だ。

実力充分。しかも大きい。

ほうれん草の茹で加減、シャキシャキとおいしい。

サービスのヒジキ煮には、コンニャク、ニンジン、油揚げが混ぜこまれており、無料の品であっても心を込めて作った一品であることがよくわかる。

思わず厨房を見やると、一仕事終えた主人が、厨房の奥のほうからぼくの頭の上のテレビの画面をじーっと見つめている。

五十代前半あたりの人でやや気むずかしい面持ち。

遵守事項⑤をきちんと遵守しつつ、時代劇を観賞しているのであった。遵守しているようだ。

そのかたわらには妻が、遵守事項⑥を遵守しつつ、やはりその時代劇を観賞しているのであった。

ぼくの定食屋の食事は静かに進行し、ぼくの頭の上の時代劇も少しずつ進行し、

「あそこで捕まっちゃうのよね」

と妻が誰に言うともなく言い、主人はうなずくともなくうなずき、定食屋の午後は静かに過ぎてゆく。

（『ホットドッグの丸かじり』所収）

おごられ酒はつらいよ

自分のペースで食事ができるときは嬉しい。

自分のペースで食事ができないときは悲しい。

ふだんは誰でもマイペースで食事をしている。

昼めしを定食屋に食べに行った場合がそうだ。

自分の食べたいサンマ塩焼きをたのみ、ホーレン草おひたしもつけてみっか、納豆もつけてみっか、やめてみっか、と、すべてがマイペースでいける。

一人で居酒屋へ行った場合もそうだ。

「エート、カツオの刺身いこう。いま戻りガツオ旨いんだよね。それから串かつ。あ、まてよ、カキフライがある。じゃ串かつやめてカキフライにする。それと焼き鳥を二本」

というふうに、自分の食べたいものを、自分の好きな分量たのむ。

こういうことができるのは、一人で行った場合に限る。

何人かで行った場合はいろいろとむずかしいことになる。

四人で居酒屋に行ってワリカン、という場合はマイペースというわけにはいかない。

みんなが注文する標準価格帯に合わせなければならない。

みんなが、モツ煮こみだ、枝豆だ、タコブツだ、ゲソ揚げだ、と騒いでいるのに、ボク、お刺身盛り合わせと天ぷらの盛り合わせとフライの盛り合わせとお新香の盛り合わせね、なんて奴は二度と誘ってもらえなくなる。

〝おごってもらう場合〟もマイペースというわけにはいかない。

スポンサーの懐《ふところ》具合を考慮しなければならない。

カツオの刺身食いたいなー、と思っても、カツオの刺身は七〇〇円だ。

七〇〇円、いいのか。

串かつ食いたいなー、と思ってメニューを見ると、その店は一人前一本となっている。

串かつ、せめて二本食いたい。

二人前、いいのか。

これが自分で払うのであれば、迷わず二人前注文するのだが、今夜はおごってもらうばっかりに一本で我慢しなければならず、こんなつらい思いをするのも、こいつがおごることになっているせいだ、と、スポンサーの男を睨《にら》んだりする。

ついこのあいだ、三人で居酒屋へ行った。

一人がスポンサーだった。

串かつがあった。串かつ食いたかった。鹿児島黒豚当店特製串かつというものであった。

メニューの写真を見ると一皿に二本のっている。

串かつに至るまでに、すでに、イカの姿焼きと自家製さつま揚げをたのんでいた。

いずれも一人前だった。

スポンサーの男（以下オゴリ氏）は、今宵は〝三人で一品〟でいく方針であるらしかった。

ちなみに自家製さつま揚げの大きさはコロッケ大であった。

コロッケ大さつま揚げ一つを三人で分けて食べる方針であるらしかった。

このことによって、オゴリ氏の懐豊かならずは、すでに明白な事実となっていた。

ここまでの進行状況は、おごられる二人が、食べたいものを「イカ姿焼き」「自家製さつま揚げ」と言うたびに、オゴリ氏がうなずくという形で行われていた。

従って、ぼくが「串かつ」と言ったときも、オゴリ氏は黙ってうなずくのだった。

三人で二本でいいのか。

ぼくはオゴリ氏の顔を見たのだが、彼はすでに「次は？」という顔になっていたのであった。

三人で二本、どうやって食べるのか。ぼくは〝串かつは少なくとも二本食いたい人間〟である。それが三人で二本。

ぼくは勇猛をふるって、

「串かつは二人前取りましょうか」

と言ってみた。

彼は黙ってうなずくのだった。

事態は満足の方向で収束しつつあった。

ところが事態はここから急変する。

時間も遅かったせいか、鹿児島黒豚当店特製串かつは、あと一人前で終わりだというのだ。

串かつ二本が皿の上にのってやってきた。

オゴリ氏は黙ってそれを見つめている。

事態を収拾するために、ぼくはとりあえず二本の串を抜き、それぞれを箸で半分ずつにした。

三人は半分の串かつをそれぞれ食べた。

皿の上に半分の串かつが残された。

その半分、ぼくが食いたい。

率先して食いたい。

しかし三人は、そのことにはまるで無関心、というふうに会話をはずませるのであった。

皿の上の串かつ食いたい。
しかしそれは出来ない。
皿の上の半分の串かつは、強引に分断されたがゆえに無残な姿になっていた。
残骸、といってもよかった。
それに手を出すのは、紳士としてためらわれる行為であった。
この残骸は捨てられる運命にあった。
でも食べたい。
その食べたいものが眼下にある。
手をのばせばすぐにでも食べられる。
でも食べられない。
でも食べたい。
でも食べられない。
こんなつらいことがあるだろうか。
犬だったらワンと吠えてヨダレをたらすところだ。
でもその串かつ、結局、ぼくが最後に食べちゃったもんね。

（『どぜうの丸かじり』所収）

冷や奴の呪縛

居酒屋とかビアホールに四、五人で行く。

おしぼりがきて、とりあえず顔の脂を拭きとるのに専念しているところへ店員がやってきて伝票を構える。おでこの脂をようやく拭きとり、そのままズッと下げて目の下あたりを拭こうという段階なのに、店員は、

「こっちは忙しいんだよ。早くしてくれよ。オラオラ」

というオラオラ気分をあらわにしてこっちを見守っている。

実際、その店は大混雑で、どの店員もてんてこ舞い状態であることは確かだ。

「とりあえずナマ四つ」

と一人が言っても、オラオラ店員（以下オラ店と言う）は次のおつまみの注文を待って立ち去らない。

こういうとき、みんなの頭に浮かぶものの筆頭は枝豆だ。
とりあえず枝豆。
せっぱつまって枝豆。
しかし全員納得の枝豆。
「枝豆四つ」
ということになるが、それでもオラ天じゃなかったオラ店は立ち去らない。
四人も、もう一品ぐらいはたのまないとまずいな、とは思っている。
誰もが枝豆の次にヤキトリあたりをたのみたいのだが、ヤキトリはあとがややこしい。
シオかタレか、レバもいくのか、そのレバはタレかシオか……。

そこでヤキトリはあとまわしということになって、そのあとがまを考えなければならない。

こういうときに、誰からともなく出てくるのが冷や奴だ。

枝豆も冷や奴も、値段が安いせいもあってわりに気軽にスッと頭に浮かぶ。

とりあえず冷や奴。

せっぱつまって冷や奴。

しかし、全員なんとなく納得の冷や奴。

だがちょっと待て。

その冷や奴は果たして正解か？

全員なんとなく納得してしまったようだが、その選択は間違ってはいないか？

ナマビールというものは、口の中を、脂っこくて、濃厚で、塩《しょ》っぱくて、熱々のものでまみれさせておいて、そこんところに冷ーたく泡立ったものが注ぎこまれ、通過していくところにそのダイゴミがあったのではなかったか。

冷や奴はぜーんぶその反対ではないのか？

熱々どころか冷ーたくて、味が薄くて、淡泊そのもので、その全域がほとんど水分ではないか。

せっぱつまって
つい手をつけて
しまった
もう一つ
そういうもの
あったな

豆腐の約九〇パーセントは水なのだ。

水分九〇パーセントの、ほとんど水といっていいものを口にしたあと、全域水分のビールを迎えてもおいしいはずがないではないか。

冷たい水を飲んで、また冷たい水を飲むようなものだ。

ということに、まだ四人は気づいていない。

やがてオラ店がナマ四つと枝豆と冷や奴を持ってやってくる。

塩気のきいた枝豆を、一粒二粒口にしたあと、ナマをグーッとやって、さて次に、と冷や奴の皿を見る。急に気持ちが冷えていくのを感じるはずだ。誰もがこんなもの取らないほうがよかったのではないか、と思うはずだ。

そう思いつつも、冷や奴を口にすると、果たしてひんやりと冷たく、味気なく、ビールに合うはずもなく、なぜ自分はこんなものを選択してしまったのだろう、という思いを新たにするばかりだ。

四人が四人ともそう思うはずだ。

なのに、次回また四人でビアホールへ行って、オラ天じゃなかったオラ店にせかされると、またしても冷や奴を注文してしまう。

これはなぜだろう。

冷や奴の呪縛、とでもいうようなものがあるのだろうか。

一勧と野村が総会屋の呪縛から逃れられなかったように、サラリーマンは冷や奴の呪縛から逃れられないのだろうか。

冷や奴の呪縛とは何か。

人間には、特に男性には、あとで冷静になって考えてみると、なぜあのときあんなものに手を出してしまったんだろう、と思うようなことがよくある。

高級冷や奴
イクラ
ウニ
こういうのは
豆腐カナッペ「トウカナ」

あのとき、ついカッとなってあんな選択をしてしまったが、あれは明らかに間違いであった、ということがよくある。

われわれ日本人は、小さいころから豆腐に慣れ親しんでいる。

味噌汁の具、おでん、肉豆腐、スキヤキ、マーボ豆腐と、毎日一回は豆腐を食べて育った。

竹馬の友というか、幼友達というか、そういう関係にある。

一方、話変わって突然結婚の話になる。

あんまり女性に縁のない男性が、ついあせって、せっぱつまって、小学校や中学校のときの同級生と結婚するという話はよく聞く。苦しまぎれについ手近で間にあわせようとするわけだ。結婚に至らないまでも、せっぱつまって、ついカッとなって手近の女性に手を出すという話はよく聞く。

あとになって冷静になって考えれば、明らかに間違った選択であったということはわかるのだが、カッとなっているときはそれがわからない。

オラ天じゃなかったオラ店にせかされて、せっぱつまって苦しまぎれに幼友達の冷や奴に手を出してしまう、という説明ではもちろん納得しませんよね。

（『タケノコの丸かじり』所収）

定食屋でビールを

夕方の七時ごろ、一日の仕事が終わって、さて、今夜は何を食べようか、と思ったとたんサンマが浮上してきた。

うん、まずサンマ。サンマの塩焼き。

プチプチ、ジュウジュウ脂のはぜるアツアツのサンマ。

サンマの塩焼きとなれば当然ゴハン。白いアツアツのゴハン。

ま、いきなりゴハンというのもなんだから、当然、その前にビールだな。

ビール一本きりというのもなんだから、そのあと熱カンも一本ということになるな。

ということになると、サンマ一匹ではとてももたないから、当然もう一品ということになるな……。

肉豆腐なんてのはどうだ。

定食屋で
真面目にビールを
のむ青年
紫色の
コップ
デコラのテーブル

サンマ、肉豆腐、と続いたあとは、少しさっぱりしたものがいいな。うん、ホウレン草のおひたし。おかかたっぷし……。

というふうに考えていくと、これは当然定食屋ということになるな。

居酒屋でもいいけど、居酒屋で白いゴハンというのもなんだし……。

結果、足は定食屋に向かった。

定食屋というものは、近年、次々に姿を消しつつある。おや、この定食屋、店を閉めちゃったな、と思っていると、そのあとがいつのまにか「てんや」とか「ミスタードーナツ」とか「モスバーガー」になっていたりする。

こういう現象はとても寂しい。どこの駅のどの店も、その店に入る前から味が予測できるというのは寂しい。

その点定食屋は一軒一軒味が違う。サンマの焼き方だって一軒一軒違う。

定食屋が年々姿を消していくなかで、わが西荻窪だけは定食屋の豊作地帯だ。わが仕事場から歩いていける範囲で、たちどころに五軒の定食屋を数えあげることができる。

そのうちの一軒の、白いノレンを押して入って行った。

とにもかくにも、まずサンマ。

黒板に書いてあるメニューを見ると、本日のサンマ定食は「サンマ開き定食　六五〇円」となっている。

ぼくは開きじゃないほうのサンマを食べたいのだ。

注文を取りにきたオバチャンに、そのことを説明しようとするのだが、開きじゃないほうのサンマを説明するのは意外にむずかしい。つい、あせって、

「あの、ホラ、こう、丸いほうのサンマというか、本格的のほうのサンマはないんですか」

と訊くと、ホンカクテキ、と首をかしげ、すぐにあとうなずき、

「きょうは開きだけなんですよ」

と言うのだった。

そうか、ことしはサンマが高いのであった。つい先日、新宿のデパートで見たサンマは、一匹四五〇円の値がついていた。サンマは開きで我慢することにしよう。

「それと、肉豆腐とホウレン草」

「ホウレン草は、おひたしとゴマ和えがあるんですが」

ゴマ和えはまるで予想してなかったので、ここでもあわてた。

「ゴマで和えてないほうのおひたし」

定食屋での夕食を
終えて今出てきた
ばかりの単身赴任の
おとうさん

「つまり、おひたしですね」

どうも意思の疎通がうまくいかない。

客はおよそ十人。七人がネクタイをしめた若いサラリーマンで、中年のネクタイが一人。この時間に定食屋で一人メシを食っているということは単身赴任だろうか。あとは中年の男女一組。

この時間帯の定食屋には独得の雰囲気がある。昼間の定食屋は、メシを食う人々のそれなりの活気があるものなのだが、夕方の七時の定食屋はひっそりしている。十人も客がいるのに妙に静まり

かえっている。そして、誰もが食べ方に力がない。夕方の七時に、他の飲食店で飲食している人々とはっきり人種が違う。〝午後七時の定食屋の人々〟という感じがある。あしたの午後七時にも、ほぼ同じメンバーがこの店に集まり、ひっそりと食事をしているにちがいない。

　食事に専念している人は一人もいない。テレビを見ながら食べている人が半分、自前の持ちこみの夕刊紙を読んでいる人が三人、店の備えつけの週刊誌を読みふけっている人が二人。

　店主も同様に料理に専念していない。テレビに専念しながら料理を作っている。

一流の天ぷら屋の主人は、素材からどのぐらい水分が失われたかに目を凝らし、油の温度の上がりぐあいに耳をすますというが、ここの主人はアジのフライを揚げながら、目も耳もテレビのほうに凝らしている。

凝らしてはいるが、時間で揚がり具合がわかるのだ。そしてまた、時間で揚げたアジのフライがうまいのだ。それが定食屋の味なのだ。

「サンマ開き定食、肉豆腐、ホウレン草つき」来る。ビールもいっしょに来る。

サンマの開きには大根おろしがたっぷり添えられている。大根おろしに醬油をたっぷりかけ、そいつで口の中を塩っぱくしてからビールをゴクゴク。

改めて見回してみると、ビールを飲みながら食事をしている人が三人いる。だが三人とも、とても真面目にビールを飲んでいる。居酒屋での飲み方とまるで違う真面目な飲み方なのだ。

そうなのだ。夕方の定食屋の店内を支配しているのは〝真面目〟なのだ。

この時間、新宿や渋谷や六本木などの繁華街では、きっと賑やかで華やかな夕食がくりひろげられているにちがいない。

ここにいる人々が真面目であることは、カツライスとホウレン草とか、アジフライと納豆とホウレン草とか、メニューの中に必ずホウレン草をおりこむことでもよくわかる。

みんな栄養のバランスを気にする人たちなのだ。

ぼくはなんだか気がひけて、熱カンの予定を変更して店を出た。

（『親子丼の丸かじり』所収）

快感！ 思考停止の食事

人生には〝思考停止〟のひとときも大切だ。
時には、自分の身のまわり一切を、他人にゆだねるひとときも大切だ。
男子ひとたび家を出《いっ》れば七人の敵あり。
他人はすべて敵だ。
常に緊張し、身構え、時にはこちらから攻撃をしかけ、身のやすまるときはない。
ましてや、思考停止のひとときなどあろうはずがない。
思考を停止して、自分の身を他人にあずけ、ゆだねるひとときなどあろうはずがない。
ところが、あるんですね、これが。
たとえば理髪店。
理髪店の椅子にすわる。

すわったとたん、そこから先のことは一切他人に身をゆだねることになる。

これから先の約一時間は、何から何まで他人まかせだ。

自分から打って出る、ということは一切ない。

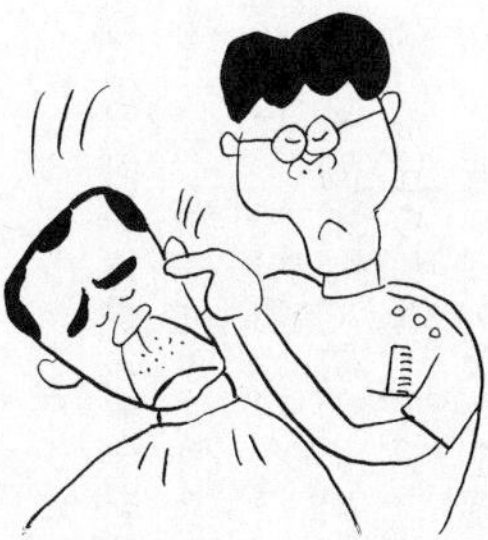
理髪店の人って
サービス業のわりには
わりに邪険に頭を
こ突いたりしませんか

思考関係も、すべて一時休止だ。

店の人に、指でアゴを突かれてアゴを上げろと言われればアゴを上げ、頭のうしろを突かれて頭を下げろと言われれば頭を下げる。

何でも彼の言うとおりだ。

これが意外に快感なんですね。

すっかり身をゆだねている快感。

何もかもあなたまかせの快感。

自分からは何もしない快感。

ついうとうとと眠くなる。

ふだん、身構えて緊張しているからこそ、こういう〝だらしなさ〟がよけい快感になる。

こう毎日暑いと頭がボーッとする。

食欲もすっかり衰える。

思考停止。食欲停止。

しかし、何か食べておかないと体によくないと思い、昼めしを食べに出かけていく。

店頭のサンプルを見ても、何を食べていいか自分で決められない。

こういうとき相談にのってくれる人がいて、テキパキ決めてくれるといいな、と思いませんか。

たとえば高級レストランにおけるソムリエみたいな人。

むろん、何がしかのお金を払って相談にのってもらう。

体調はどうか、けさは何を食べたか、便秘はしてないか、懐具合はどうか、奥さんとはうまくいっているか。

それらを勘案して結論を出してくれる。

「あなたの昼めしは、アジフライ定食と決定しました」

そうして彼は、あなたを案内してテーブルにつかせる。

そしてあなたの背後に立つ。

ホラ、ボクシングの試合におけるボクサーとセコンドの関係、あんな感じですね。

あなたのこれからの行動の一切は、彼にゆだねられる。あなたの意思は無用となる。

あなたはただボーッとしていればいい。

アジフライが到着する。

あなたは思わず箸をとりあげて食べようとする。

「待て」

彼はあなたを制する。

制して、あなたの首すじ、両腕を軽くマッサージしながら、

「いいか、あせるな、落ちついていけ。テキはどうあがいても、たかがアジだ」

それからあなたのベルトのバックルに手をかけて引っぱり、

「吸ってー、吐いてー、吸ってー」

あなたは何も考えずに吸

って吐く。

「まず相手の全容をよーく見るんだ。まずカリッと揚がったアジのフライだ。キャベツの千切りだ。カラシだ。それにライスに味噌汁だ。味噌汁の具はワカメに豆腐だ。それにキュウリのぬかづけだ。ぬかるな」

あなたはぼんやりと全容を眺める。

「まずソースをフライにかけろ。そうだ、ジャブジャブかけろ。左からかけろ。左ジャブだ。次にカラシだ」

ソースをかけ、カラシを塗る。

「箸をとれ」

で箸をとる。

「チーン」

ゴングが鳴る。彼はゴングを持参しているのだ。

「まずアジのフライからいけ。そのしっぽのとこじゃない。ボディーだ。ボディーを攻めろ。よーし、いいぞ」

あなたはアジのボディーをほじり取る。

「ヨシ、口に入れろ。嚙《か》め。三回嚙め。口の中の味が濃くなってきたか。そうか。メシいけ。一口いけ。大きくいけ。いいぞ、六回嚙め。六回嚙んだら飲みこめ」

あなたは言われたとおり、六回嚙んで飲みこむ。

「ヨーシ、ヨシ。調子が出てきたぞ。アジもう一回いこう。手順はいまと同じだ。そうそう。いいぞいいぞ。オッ。カラシ効いたか。そうか」

頭はボーッとしていてもカラシはツーンと効く。

「泣け。泣くんだ」

言われたとおりあなたは素直に泣く。

何もかも言われたとおりにする快感。

すっかり身をゆだねている快感。

「ここで味噌汁いこう。一口吸ってワカメいこう。豆腐は後半に備えろ。アッ、豆腐吸いこんじゃったな。いい。吐き出さなくていい」

それからお新香を指示され、ゴハンを二口指示され、あなたは思考を停止させたまま、ただアグアグとゴハンとお新香を嚙みしめる。

「チーン」

ここでゴングが鳴る。

三分が経過したのだ。

ワンラウンド終了。

あなたは箸を置き、両手をダラリとさげて肩で息をつく。

「ここでヨージだ」

休憩しているときも指示はとぶ。

あなたはヨージを取りあげ歯をほじる。

「いいか、油断するな。このラウンドは5―4で向こうのリードだ。ソースとカラシのコンビネーションブローでやられた」

この職業のネーミングであるが、「メシセコ」というのはどうだろう。

ボクシングのセコンドならぬメシのセコンドだからメシセコ。


（『伊勢エビの丸かじり』所収）

独り酒の作法

一人で酒を飲むのはむずかしい。

つくづくむずかしい。

ときたま、外で、一人で酒を飲まなければならないときがある。

相手もいないし、夕食はとらなければならないし、ついでに酒も飲みたいし、というようなときだ。

そういうときは、大体、居酒屋みたいなところに入る。

なるべく大きな店に入る。

収容人員三十名以上、というのが一つの目安である。

居酒屋では、一人客は少数派である。

したがって、一人客は目立つ。

収容人員が多ければ多いほど、まわりの騒ぎにまぎれて目立たなくなる。

周りが酔ってワイワイ騒いでいる中で、独り黙々と酒を飲み、つまみを食べる。わきかえるような喧噪《けんそう》の中で、そこのところだけ、ポッカリと、陰気と沈黙と停滞の空間ができている。

一人客が店内でできることは、酒を飲むことと、つまみを食べることだけである。

黙々とビンからコップにビールを注ぎ、これをグイと飲み、つまみを食べる。

これが終わるとまたコップにビールを注ぎ、グイと飲み、またつまみを食べる。

これが終わるとまたコップにビールを注ぎ、グイと飲み、またつまみを食べる。

いくら書いてもきりがないが、しかし、これ以外のことを何かしようと思っても何もできないのだ。

そこでまた、黙々とビンに手を出し、コップにビールを注ぎ、これをグイと飲む。つまみを食べる……。

〝黙々と〟と書いたが、黙々以外の行動はできない状態にあるのだ。

〝何事かつぶやきつつ〟ビンに手を出したら、その周辺から、一人、二人、と人が去っていくことになるだろう。

一人客の印象は、周りの人の目から見れば、どうしたって「しんねり」であり「むっつり」である。特に「むっつり」のほうの印象が強い。

これとても、「むっつり」している以外にどうすることもできないのだ。

ウヒャヒヤなどと、一人で笑っていたりすれば、さらに数人がその周辺から去っていくことになる。

「しんねり」と「むっつり」のほかに、一人客には「孤立」とか「不首尾」とか「不運」とか「落莫《らくばく》」とか、そういった印象もつきまとう。

一人で飲んでいる人は、どうしてもそう見える。

何か楽しいことを考えながら飲んでいるのかもしれないのに、「反省」とか「悔恨」とか「無念」のさなかにあるように見えてしまう。

いい印象は一つもない。

周りから、そういう目で見られていることが自分でわかっているから、一人客はどうしても一層いじける。

ビールをコップに注ぎ、これを飲み、つまみの焼き魚などをつついているとき、すなわち、何らかの行動を起こしているときは、周囲に与える印象はそれほどわるくない。

(彼はいま、あのように忙しいのだ)

と周りの人も納得してくれる。

問題は、これら一連の動きがとまったときである。

ただ単に、飲食をちょっと休憩しているだけなのだが、これを「黙考」ととられてしまう。

「黙考」のポーズは「反省」「悔恨」の雰囲気があり、それが「不運」「落莫」の気配をただよわせてしまうのである。

これを防ぐためには、一人客は、絶えまなく飲み、絶えまなく食べなければならない。

だから、誰でもそうだと思うが、一人で飲むときはどうしてもピッチが速くなる。

ふだんの倍ぐらいのピッチになる。

なにしろ、ちょっとでも休むと、それが「黙考」ととられ、「反省」「悔恨」につながり、「不運」「落莫」に結びつくと思うから、休むことができない。

大盛りの枝豆をいっときも休むことなく食べ続け、ふと気がつくとアゴが痛くなっていた、なんてことさえある。

一人客は、休むことを許されない。

常に行動していなければならない。

そういう意味では、つまみになるべく手数のかかるものがいい。

枝豆、焼き魚、イカ姿焼きなどは、一人客にはうってつけと言える。

焼き魚、煮魚のたぐいは、切り身より丸一匹のもののほうがよい。骨から身をはずしたり、小骨をとったり、アゴのあたりをほじくったりして時間をかせぐことができる。

「シュウマイ三個」などというのはできることなら避けたい。

あっというまになくなってしまう。

「甘エビ三尾」も避けたい。

これはもっとあっけない。

「しらすおろし」も量が少ないから避けたい。

「なめこおろし」も避けたい。

〝店内の文字〟も、「黙考」ととられないための手段として有効に働く。

何かを読むという行為は、明らかに「黙考」ではない。

まずメニューを読む。すみからすみまで読む。

メニューのおしまいのところの、「チェーン店一覧」のところまで読む。

（そうか、第十四支店まであるのか）

と、第十四支店の電話番号まで読む。

メニュー精読が終了すると、次は店内の貼り紙を一つ一つ、はじから点検していく。

「冷えてます　生！」

（そうか、「冷えてます　生！」か。そうか、そうか。なかなかいいじゃないか。まず「冷えてます」と、こうくるわけだな。そしておいていきなり「生」と、こうもってきたわけだ。うん。この順序がいいわけだ。「生が冷えてます」。これじゃいけないんだよね。うん）

と、「冷えてます　生！」だけで三分はもつ。さらにもう一枚。

「整理、整とん」

と、ある。

これは従業員向けの貼り紙である。

（うん。これは従業員向けの貼り紙だな。うん。店長かなんかが自分で書いて貼ったんだな。うん。しかし、そのわりにこの店は整理整とんがゆきとどいてないじゃないか。まてよ、そうか。それだからこそ、こうして「整理、整とん」とわざわざ書いて貼ったわけだ。そうなんだ。うん、わかったぞ）

と、ときどき大きくうなずいたりして、「整理、整とん」だけで四分はもつ。

店内の文字という文字、ことごとく読み終える。

灯りのついた「避難口」という文字までじっくりと読み終える。

あとはもう、何もすることがない。

二人づれで来て、話し相手のいる人がつくづくうらやましい。

どんなに相性のわるい人でもいいから、そばにいてほしいと思う。


（『ワニの丸かじり』所収）

焼き鳥の串の業績を讃える

串はエライ。

このことに人々は少しも気づいていない。これまで果たしてきた串の業績にフト気づいて以来、ぼくは串が不憫《ふびん》でならない。だれも串をきちんと評価してやらないからである。

ナントカ横丁、カントカ小路と称する通りには、必ず一軒は焼き鳥屋がある。

おでん屋、ラーメン屋、一杯飲み屋と並んで、焼き鳥屋は必ずある。

一杯飲み屋のメニューにも、焼き鳥は必ず載っている。

一杯飲み屋に入った客は、まず、ビールあるいは酒を注文し、とりあえず焼き鳥を注文する。

焼き鳥は、一杯飲み屋のメニューの主《ぬし》なのだ。栄光の、注文ランク第一位なのである。

焼き鳥は、どのようにして、今日《こんにち》のこの栄光を勝ち得たのであろうか。焼き鳥の栄光に、串はどのように寄与してきたのであろうか。

夕方、フラリと行きつけの焼き鳥屋の前を通った。行きつけといっても、四、五回通っただけの店である。店の戸が開いていたので、フト立ち止まった。立ち止まったとたん、「焼き鳥三本にビール一本。所要時間十五分」というプランが頭にひらめいた。

この店は、カウンターに

八席、テーブルが二つという小さな店である。

一番奥のテーブルで、店主、おかみさん、二十一、二歳の息子、店主の母親らしいおばあさんの四人が、鳥に串を刺す作業に専念していた。

この店の焼き鳥は、本物の鳥である。

まだ開店前らしかったが、店主は「どうぞ」と招き入れてくれた。

ビールとつき出しが出る。つき出しは鳥皮を甘辛く炒《い》りつけたものだ。

店主はテーブルに戻り、また串を刺す作業にとりかかる。

テーブルの上には、鳥やモツが山と積んである。ネギの山も、そのかたわらにある。

一家は押し黙って串を取りあげ、鳥を串に刺し、次にネギを刺し、また鳥を刺す。刺し終えたものを横に並べ、また串を取りあげて鳥を刺しネギを刺す。

会話が飛び交うわけでもなく、むろん団欒《だんらん》ではない。

焼き鳥屋の主たる業務は、むろん焼くこともそうだが、この仕込みの串刺しにあるの

ではないだろうか。

その光景は、この一家の暮らしの成り立ちのありようを、実にわかりやすく説明していた。

このようにして、この一家は生計を営んでいるのだ。

それを見ているうちに、なにか懐かしいものがこみあげてきた。

昔は各家族でも、こうした光景がよく見られたように思う。

母親と子供たちが、テーブルを囲んでインゲンのスジ取りなどをしていたものだった。

開店前の薄暗い焼き鳥屋の片隅で、懐かしい〝ゲマインシャフト〟が展開されているのだった。

そのうち、この店の子供らしい中学生の男の子が学校から帰ってきた。

「ただいま」でもなければ「お帰り」でもないが、お互いの一瞬の目くばせが、双方に十分の理解をもたらしたもののようであった。

中学生は、有名私立中の制服を着ている。

そういっては失礼だが、「ホー！」という思いがした。

一区切りついたらしく、店主が立ちあがって焼き鳥を焼き始めた。

やがて三本の焼き鳥が、ぼくの目の前に置かれた。

塩味のよくきいた焼き鳥を嚙みしめながら、また一家の作業を見るともなく見ているうちに、ぼくは大変な発見をしてしまったのである。

いまみんなが刺している鳥肉の山は、すでに食べられる大きさに切ってある。

このまま、串に刺さないで焼いても、焼き鳥は焼き鳥である。

焼き鳥というものは、鳥肉の小片を、タレもしくは塩で焼いたものである。

このまま、例えばアミの細かい焼き網かなんかで焼いて、バラバラのまま皿に盛って出しても焼き鳥の名をかぶせることができる。

客は鳥肉を箸でつまんで口に入れ、次にネギをつまんで口に入れるということになる。

むろん、それでもいいはずだ。

なぜ、わざわざ串に刺すのだろうか。

なぜ「主たる業務」として、一家総がかりで串に刺さなければならないのだろう。

ぼくは改めて、目の前の三本の焼き鳥を、全部串からはずして皿に並べてみた。

すると、とたんに、それまで堂々三本の威容を誇っていた焼き鳥は、なんともつまらぬ、平べったくだらしない食べ物に変貌してしまったのである。

鳥、ネギ、鳥、と、順序正しく並べられたまん中を貫く一本の串、これが焼き鳥全体に秩序と威厳を与えていたのだ。全体をキリリと引きしめていたのだ。

皿の上のバラバラの肉片とネギを、箸でつまんで食べてみたが面白くもなんともない。

焼き鳥は、箸を使わないで食べる。

串を右手に持って、先端の肉を、まず上下の歯ではさむ。

はさんだのち、右手を横に引いてズリズリと肉片を串からはずす。

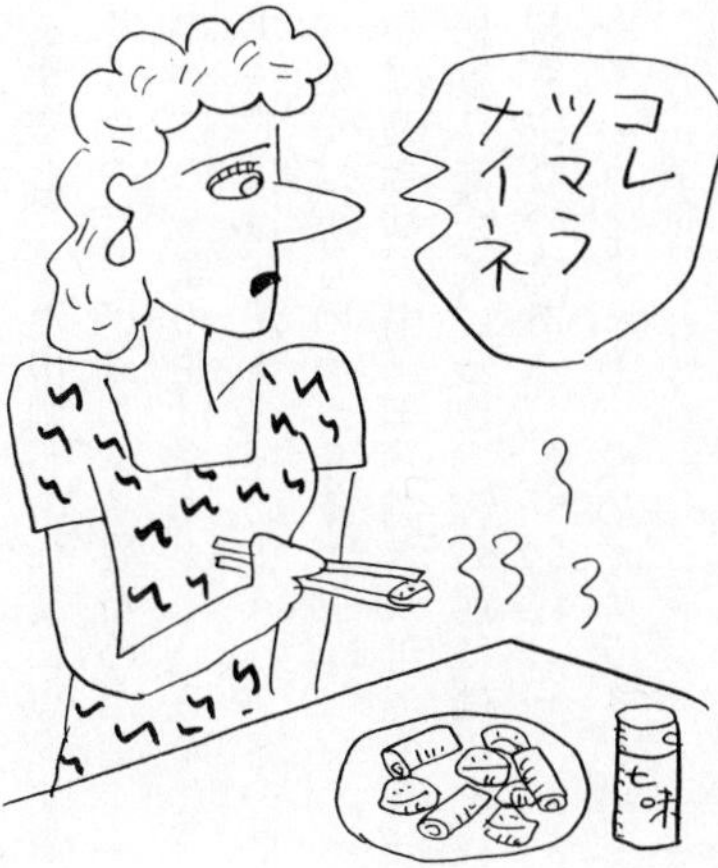

ここに一種の遊技性と野性味がある。

これも焼き鳥の魅力の一つである。

もし焼き鳥が、串に刺さないで、バラバラのまま食べるという様式の歴史をたどってきたならば、今日の栄光はなかったに違いない。

串に刺す、という一点で、焼き鳥は今日の栄光を勝ち取ったのである。

そうなのだ。実にそうなのだ。

ぼくは大変な発見に興奮して、カウンターを思わずドンとたたいてしまった。

店の人たちは、「どうもなんだか早目

に酔っぱらってしまったアブナイ客」という目でぼくのほうをチラと見、警戒の目くばせをすると、また串刺しの作業に専念するのであった。

そうなのだ。串はエライ奴なのだ。

串がこの一家の生計を支えているのだ。串が子供の学費をも生みだしているのだ。

串一族には、焼き鳥屋のように、客の前に登場しない串もいる。

鰻のかば焼きの串がそうだ。

かば焼きは、串三年、裂き八年、焼き一生といわれている。串はその焼きの期間を陰で忠実に支えているが、客の前には姿を現さない。謹み深く謙譲の精神にあふれた性格の持ち主なのである。

そういうところも、改めてエライと申しあげておきたい。

（『タコの丸かじり』所収）

シオかタレかでしおたれる人々

「焼き鳥はタレかシオか」

酒席などで誰かがこのテーマを取り上げると必ず盛り上がると言われている。

それゆえ、酒席が沈んだとき、ときどき思い出したようにこのテーマが取り上げられる。

新聞の世界で言うところのひまネタ。そしてまたこのテーマの興味深いところは、何回取り上げても新鮮、毎回語り尽くして深遠、というところにある。

こんな単純で馬鹿ばかしいテーマ、一晩、一回、一時間、みんなで語り合えばとっくの昔に結論が出ているはずなのに、十日もするとこのテーマに再び引きずり込まれ、気がつくとワイワイ、ガヤガヤ、いつのまにかみんな熱中して興奮している。

そういうわけなので今回はテーマをちょっとはずして、

「焼き鳥はタレかシオかソースか」

にしてみます。

「エ？　焼き鳥にソース⁉　ありえねー」

ということになり、即時却下ということになるはず。

そこでこういうことを提唱してみます。

「とりあえず一本の焼き鳥を頭に思い描いてください。鳥肉、ネギ、鳥肉、ネギ、と鳥肉とネギが交互に刺さっている焼き鳥です。これだとタレかシオかの問題になります。しかしこれに卵とパン粉のコロモをつけて揚げるとどうなります？」

「それは串かつだからソースに決まってまんがな」

と、なぜか切羽詰まってなぜか急に関西弁になる人もいる。

「そのコロモを全部はがして丸裸の状態に戻すと？」

「そりゃ、もう、シオかタレかになるだにィ」

と生まれ故郷が東北でもないのにあわてたために東北弁になってしまう人もいる。

「そこです！」

と、わたくしはそこで一段と声を張り上げる。

「そのときのソースは、とんかつソースですか、中濃ソースですか、ウスターソースですか？」

ここでみんな、う－ん、と急に押し黙る。語り尽くされたはずのタレシオ問題が、新たにリニューアルされて登場した世紀の瞬間です。

旧態依然を一歩も出なかった「焼き鳥タレシオ問題」に、新たにソース問題を加えることによって、新展開の道を切り開いた世紀の一瞬でもあります。日本全国民が、何の考えもなく「ソース」「ソース」と言っているソースには、実は厳然とした区別、すなわち「とんかつソース」「中濃ソース」「ウスターソース」の三つがあるのです。

「そのあたりのコマカイことはよかとじゃなかとですか」

と、今度は本物の九州人がウンザリの表情もあらわです。

よかとじゃなかとです。このあたりの区分けには、何とお上《かみ》が関与しとるとですけん。

日本農林規格（ＪＡＳ）、つまりお上は、三つのソースの違いを濃度によって次のように厳格に規定している。

濃厚ソース（とんかつソース）２・０Pa・s以上、中濃ソース０・２Pa・s以上２・０Pa・s未満、ウスターソース０・２Pa・s未満。

Pa・sというのは粘度の単位です。粘度に単位があったのです。

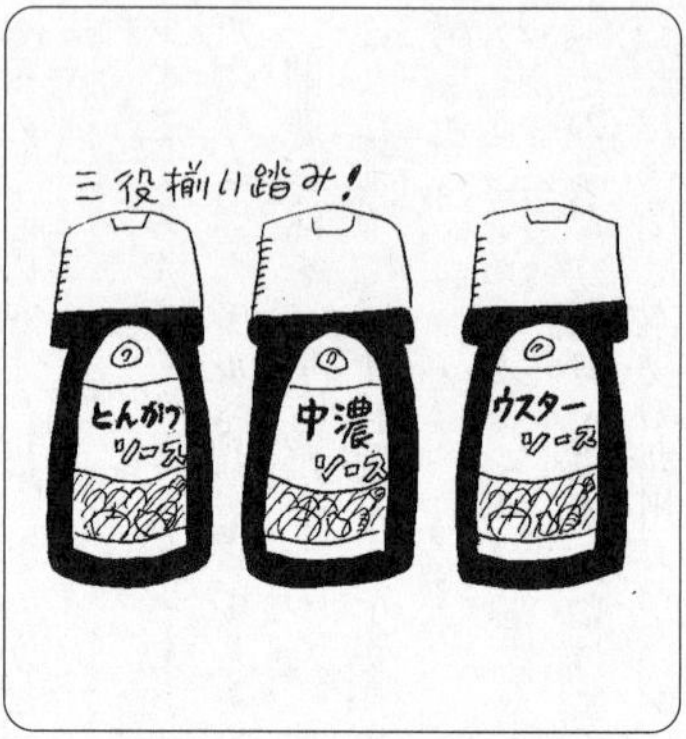

Pa・sはパスカル秒とか読むらしく、「液体の流動に対する抵抗の大きさを表す単位」。何とも物々しく、「そのあたりのコマカイことはよかとじゃなかとですか」どころじゃなかとです。
ここでみんなに論議してもらわなければならないのは、濃厚（とんかつ）ソース、中濃ソース、ウスターソースという三つの名称です。お上は「とんかつ」の名称を嫌っているらしく「濃厚」としているが、「とんかつソース」が一般的。
どのスーパーのソースの棚にも「とんかつソース」「中濃ソース」「ウスターソース」

のレッテルが貼られたものが、三大ソースとして並んでいる。

問題はこの「とんかつソース」。

「とんかつソース」の名称は、

「このソースはとんかつ用のソースですよ」

ということを言い表している。

パーティドレスがパーティ用のドレスです、ということを言い表しているように。胸が広く開いていてヒラヒラがいっぱいついているパーティドレスでスーパーに行く人はいない。

この論理でいくと、とんかつソースでコロッケを食べる、というのはどういうことになるのか。

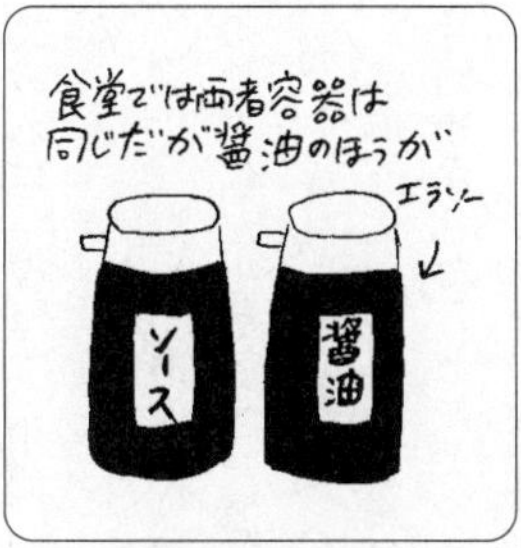
食堂では両者容器は
同じだが醤油のほうが
エラソー
ソース
醤油

みっともないことなのか。

誤用ということになるのか。

アジのフライの場合は悪用になるのか。

エビフライにもとんかつソースをかけて食べることがあるが、その場合は乱用になるのか。

このあたりのことをコマカク突っこまれるのを嫌ってお上は「とんかつ」ではなく「濃厚」にしたのか。気がついてみれば「濃厚」「中濃」「ウスター」の区別は、その論理の規定にあまりにも一貫性がない。

濃い、とか、あんまり濃くない、とかで区別しておいて突然ウスターというイギリスの地方名が出てくる。濃口醬油とか薄口という言葉があるのだから「ウスター」より「薄口ソース」と言うべきではなかったか。

さあ、次回の「焼き鳥はタレかシオか」の論議は、新たにソース問題に発展する道が今回拓かれたことによって、更にハゲシク、更に深遠になっていって、時間も果てしなくなることになったが、その責任はおいどんは取らんとですたい。

（『サクランボの丸かじり』所収）

ビールは泡あってこそ

在原業平は、

「世の中に絶えて桜のなかりせば春の心はのどけからまし」

と詠んだが、わたくしは、

「世の中にビールの泡のなかりせば人の心はのどけからまし」

と詠みたい。

ビールをグラスに注《そそ》ぐと必ず泡が出る。

出ると、どうしたって泡に目が行く。

たとえば二人で居酒屋に行ってビールを注文する。

一人が「とりあえず」とか言ってビンを取り上げて相手のグラスに注《つ》ぐ。

するとグラスの中が泡立つ。

いまや一粒たりとも泡は出ず
しかもすっかりあったまっている
ちビ
しかも残量たっぷり

するど、どうしたって二人の目はグラスの中の泡に行く。二人共黙ったまま、ひたすらその泡を見ている。

二人揃って泡を見つめているひとときがある。

見ていたって、グラスの中に泡が立ち昇っていくだけで、そんな光景はこれまで何千回、何万回と見ているはずで、珍しいわけでも何でもないのだが、それでも二人共黙ってそれをじっと見つめているひととき。

考えてみるとすごく不思議。

ミネラルウォーターだったらこういうことにはならないでしょうね。

やっぱりグラスの中に動きがあるから。

グラスの中でモコモコと泡が盛りあがっていくから。

この泡による沈黙のひとときはとても大切なのだ。

このひとときを共有したことによって二人の間に交情のようなものが生まれる。

二人して泡の様子を見つめあったればこその交情である。

もしこれが商談のスタートだったとすると、この交情はのちに役立つ。

〝ビールが泡立つ魅力〟はまだある。

突然の狂乱である。

それまでのビール瓶の中は穏やかだった。波風ひとつ立たず、ひっそりと静まり返っていた。

なのに、取り上げて注いだ途端、グラスの中は突然狂乱状態となる。

上を下への大騒ぎになる。

ある一群の泡は急降下し、次に急上昇し、ある泡はあらぬ方向に突進して他の泡に激突して分裂し砕け散り、その上に更にビールを注げば激流、急流、大奔流、水しぶき、グラスの中は波乱万丈、大混乱、泡たちの狂喜乱舞、と見ているうちに、さしもの荒れ狂う軍団も少しずつ秩序を回復していき、上面に密集していってまっ白な泡の層をつくって静まり返る。

そうして、見よ、この〝終わりの美学〟を。

頂に白雲ならぬ純白の泡が三割、その下に七割の琥珀《こはく》色に輝く液体、いわゆるビールの注ぎ方「三・七の法則」が期せずして出来あがっていたりするのだ。

ビールの泡の活動はこれで終わりというわけではない。

少しずつ衰えはするもののまだ余力を残している。

ときに一筋、ときに二筋、底のほうから小さな泡の列が少しずつ立ち昇っていく。

飲みながらもそれをときどき確かめる。

確かめるともなく確かめる。

確かめて、少しでも泡が立ち昇っているとそれで安心する。

陶器のジョッキをときどき見かけますね。側面に絵とか描いてあったりするやつ。

それから銅製のジョッキとか錫《すず》製のジョッキとか。

あのたぐいのジョッキはいけません。

ときどき泡の様子を見ようと思っても中が見えない。

まして陶器製でフタがついてるジョッキ、ますますいけません。

やっぱりわれわれは、ジョッキでビールを飲みながら、常に中の様子を知りたいらしいんですね。

見えても見えなくても、ジョッキの内部の変化は変わらないということは知っているのに、それでも見たい。

ときどき内部の様子を確かめたいという欲求が抜きがたくある。

それなのにフタまでされると、何ということをしてくれるのだ、と腹が立つ。

ガラスのジョッキで飲んでいても、少しずつ泡が減っていくのは寂しい。

(錫製)
すぐ冷えしかもぬるくなりません！
それがどうしたッ

ビールは泡と共に飲んでこそおいしい。

鉄は熱いうちに打て。

ビールは泡のあるうちに飲め。

共に至言である。

何なんでしょうね、ビールの泡のあの魅力は。

まっ白、というのがまずいいな。黄色っぽい色のものから、突然生まれるまっ白。

そしてフワフワ。

モニョモニョ。ウゴウゴ。

ほんの少し動いているところもいい。

そしてほんの少しずつ消滅していくところもいい。

ところがいるんですね、ビールの泡に何の関心もない人が。

グラスに注がずに缶に直接口をつけて飲む人。

小ビンをラッパ飲みする人。

常にこういう飲み方をする人は、一度もビールの泡を見たことがないことになる。

せっかくグラスに注いでも、そこにある泡に興味がない人もいる。

こういう人は、ジョッキのビールをゴクゴク飲んだりしない。

一口ちょびっと飲んでテーブルに置き、すっかり泡がなくなったころまたちょびっと飲む。

こういう人たちに言ってやりたい。

ナポリを見て死ね。

ビールの泡を見て死ね。


（『サクランボの丸かじり』所収）

ビールを飲むのはむずかしい

いま、夏たけなわ。

したがってビールたけなわ。

あちこちのビヤガーデン、ビヤホール、どこも満員でまさにたけなわ。

と、ここまで書いてきて、急に〝たけなわ〟ってどういう漢字だっけ、と思いついた。

知ってますか、漢字のたけなわ。

酣、または闌、と書くらしいです。

らしいです、なんて書いたけど、思いもよらぬこの漢字、広辞苑がちゃんと、この字です、と言っているのに、あまりに意外な字に半信半疑。

いいのか、この字で。

なんて思ったのだが、広辞苑が保証しているのだから信じるよりほかはない。

把手つき
把手なし
どっちがいいか
とってもむずかしい問題だ

どうも怪しいなあ、と思いながらも話は進行していく。

ゴホンといえば龍角散、ビールといえば生ビール。

ビールには瓶ビール、缶ビール、生ビールとあるが、ビールの王様はやっぱり生ビールでしょう。

なんてったってフレッシュ、ビールの生きがいい。

鼻を近づけるとビールの匂いがする。

〝ビールの匂い〟について言及する人は少ないが、今度からちゃんと匂いを嗅いでやってください。

匂い、ちゃんとあります。

生ビールということになると当然ジョッキということになる。

ジョッキというのは、正しくは把手《とって》のついているビールを飲むための容器のことを言うのだが、ビヤホールによっては、把手のついてないかなり大きめのグラスで出すところもあって、話がややこしくなるので、ここではそっちもジョッキと言うことにさせてください。

把手のついているジョッキと、ついてないジョッキ。

どっちが好きか。

ということになると、これがなかなかむずかしい。

それぞれの良さがあって簡単には答えられない。

両者はどう違うかというと、把手があるのとないのとの違いである。

あるとないでは大違いである。

なんて、あまりにも当たりまえのことを書いたりして恥ずかしいのだが、この違いはあまりに大きい。

把手あり、のほうで考えてみましょう。

把手があるのだから、当然把手のところを掴む、というか握る。

やっぱり握るでしょうね、とても重いからしっかり握る。

握って持ち上げる。

一度木の樽風のジョッキを買ったことがある
アレ
ヒョイ
軽すぎて拍子抜け!

ずっしり、ヨイショ、という感じになる。このときの重量感、これが嬉しい。

こんなに重い物を、ヨイショ、ヨイショと持ち上げたり、下ろしたり、また持ち上げたりしながらする食事はほかに見当たらない。

本当はビールだけを持ち上げればいいのだが、それにはジョッキも持ち上げなければならない。

持ち上げてゴクゴク飲む。

ゴクゴクが済んでからテーブルの上にズシンと置く。

誰もがそうしている。

ゴクゴクが済んでないのにテーブルに置こうとすると大変なことになる。

把手のないほうはどうか。

大抵のビヤホールは、ふつうの生ビールはふつうのジョッキで、それよりちょっと高級なビール、プレミアムなんとかビールということになると把手なしのほうで出てくる。

そうするとですね、不思議なことにこっちのほうが高級感があるんですね。

把手のないほうが高級、あるほうが階級が下。

たとえばぼくがそれまで把手つきので飲んでいて、ふと隣を見ると把手なしで飲んでいる。

すると急に劣等感に襲われる。

把手なしのほうは、細くて長くてスラリとしていてスマート。

オレのジョッキはズングリムックリしていて不様。

よくよく見れば頑丈だけが取り柄。

不格好、不細工、無教養。

飲んでるオレも無教養。

隣の奴はそういうふうに見てるだろうなあ、と思うとくやしい。

どう見ても勝ち目はない。
今はあんまり見かけないが、フタつきのジョッキがはやったことがあった。
陶器製で、パッカン方式の金属製のフタがついていて、側面に複雑な模様がついてるやつ。あれで飲むと格好いいかもしれない。
一口飲んではいちいちフタをし、いかにもビールを大切に飲んでいるという感じがするし、どこかドイツ風で、貴族的で、飲んでる人も教養あふれる人物に見える。

確か家にも一個あったはずだ。

台所の流し台の下にしまってあるはず。あれで対抗したいと思うのだが急場には間に合わない。

だが待てよ。

別の見方をされるかもしれないな。

あーあ、あんなふうに、一口飲んでは大急ぎでフタをしめたりして。

あーあ、今度はあんなふうにパッカンとフタを開けて、フタが落ちてこないように根元のとこにあるポッチを押さえながら一口飲んで、また大急ぎでフタをしめたりして。

たった一杯のビールがそんなに大事か。

ビールなんてものは、ゴクゴクゴクッて半分ぐらいを一気に飲んでこそおいしいものなんだ。

いじましい人だなあ。

こまかい人だなあ。

コセコセした人だなあ。

人間が小さいなあ。


（『メンチカツの丸かじり』所収）

禁ゴクゴク飲みの時代

食事のときに音をたててはいけない。

これは誰もが知っている食事のマナーの基本である。

食事中、誰かがスープをジルジル音をたてて飲んでいたりすると、全員からキッと睨《にら》まれる。

どんな小さな音もいけない。

出てきたものが熱いからといってフーフー吹くのもいけない。

いま、ためしにフーフーと、空中に向かって吹いてみてください。

音ともいえないようなかすかな音。それでもダメです。

ここでいつも問題になってくるのが蕎麦《そば》です。

蕎麦のズルズル。

できるだけ
おだやかに
お願いします
ゴクゴク

これはもうフーフーに比べたら大音響。

いいのか、いけないのか、仕方がないのか、推奨《すいしょう》なのか、絶讃なのか。いまのところ誰も結論を出していません。

「蕎麦は別にいいんじゃないの」

と小さな声で言って周りを見回したりする。

そうすると、その周りに、顔をしかめた外国人がいる。

そうなんです。

日本人同士なら、蕎麦のズルズルは、いいとか、いくないとか、そういう議論にもなるが、外国人は、即、ダメ。

論議の外《ほか》。

なぜこんなことを言い出したかというと、蕎麦のグローバル化を心配しているからなのです。

和食はいま世界中の人に目をつけられている。

最初に目をつけられたのが寿司。

いまや寿司は世界的に知られる食べ物となった。

次に目をつけられるのが蕎麦。

これはぼくの勘です。そうに決まってる。

そうなったとき、ネックになるのがズルズル問題。食事のときはどんな小さな音もいけない、これが食事のマナーの基本中の基本である西欧の人々はこのズルズル問題にどう対処するか。

簡単です。

蕎麦を音をたてないで食べる。

スパゲティで慣れているわけだから造作《ぞうさ》もないこと。

こうして蕎麦は音をたてないで食べるのが世界の風潮となっていく。

その風潮は当然日本に逆輸入され、やがて日本人も音をたてないで食べるのが主流になっていく。

ズルズル派は少数派になって片隅に追いやられていく。

煙草《たばこ》がたどった道を、蕎麦ズルの人々はたどることになる。

飲食店に行けば、入口のところで店員に、

「蕎麦ズルの方ですか」

と訊《き》かれ、そうだと答えると「蕎麦ズル」と書かれたフダが置かれたテーブルに案内される。

まさか、いくら何でもそんなことには、などと笑っている人は喫煙者がたどった道を思い出してください。アッというまだったじゃないですか。

禁煙ということが言われ始め、ヘエー、そうなんだ、などと呑気《のんき》なことを言いつつプカプカやっていた人々が、喫煙所の檻《おり》の中に追いこまれていったのは。

ぼくがいま心配しているのは、煙草がたどった道、蕎麦がたどった道のその次です。

同じ運命の道をたどろうとしているものがあるのです。

それは、ビールのゴクゴクです。

たいていの人はビールをゴクゴク飲む。

ゴックン、ゴックンの人もいる。グビッ、グビッの人もいる。うんとノドが渇《かわ》いていてようやくビールにありついた人は、ゴキュッ、ゴキュッとノドを鳴らして飲む。

いいのか、ゴキュッ、ゴキュッ。

ノドを鳴らして、などと、いいのか鳴らしたりして。鳴らす、というのは、サイレンや太鼓に使う言葉だぞ。

などと言い出す人がこれから先出てこないとも限らない。

とにもかくにも食事のときはどんな小さな音もたててはならないというマナーを守っている人々にとって、聞き捨てならない音であることはまちがいない。

「そういえば、これまでビールのゴクゴクが問題になったことはなかったなあ」

と思った人も、改めてこの問題に目ざめて騒ぎ出す。

様々な議論を経《へ》たのち、世の中の風潮は、ビールのゴクゴク飲みはいけないということになっていく。

ぼくのような、ビールのゴクゴク飲みが生き甲斐《がい》の人はどうなってしまうのか。

ぼくはビールのゴクゴク飲みが信条のあまり、ゴクゴク飲まない人が憎らしくてならない。

テレビドラマや映画などではビールを飲むシーンがよく

あるが、ぼくは、そのビールを飲んでいる俳優をジーッと見ている。

その俳優がビールのコップを取りあげ、一口飲んでテーブルに置く。

ぼくは飲む前のコップの中のビールの量を覚えていて、飲んだあとの量と見比べ、

「ンモー、あれっぽっちしか飲まないんだからぁ」

と思い、

「つくーづく嫌な奴」

と思う。

それほどゴクゴク飲みが好きなのだ。そのゴクゴクが禁止になってしまうのだ。

居酒屋に行くと、

「当店ではビールのゴクゴク飲みは禁止とさせていただいております」

などという貼り紙を見ることになるのだ。

「当店では、ビールがノドを通過するときのノド仏の上げ下げはなるべく控え目におねがいします」

などという貼り紙も見ることになるのだ。


（『サンマの丸かじり』所収）

ワンカップの勇気

その名も高き「ワンカップ大関」。

知らない人、いませんね。

あのものに対して世間一般はどのような印象を持っているのだろうか。

〝おやじの酒〟、そういう印象だと思う。

そのおやじも〝切羽詰まったおやじ〟。

どう切羽詰まっているかというと、

「とにかく、いま、すぐ、ここで、立ったまま、一刻の猶予もなく、グイーッと一気に」

という〝いますぐおやじ〟。

夕方の駅のホームなどでときどき見かけるが、〝いますぐおやじ〟は飲み方も早い。

昔は
早朝酒屋へツカツカと寄り一合ビンを一気に飲みほして何事もなかったように仕事に行く職人がたくさんいた
塩
クイー
弁当

多くて三口、早い人は二口、もっと早い人は一気。

こういう飲み方に対する評価は二つに分かれる。

一つは「かっこいい派」。

西部劇に登場するジョン・ウエインなどは、ワンショットのウィスキーをカパッと一気に飲む。

もう一つは「否定派」。

お酒というものはだね、徳利から盃《さかずき》にトクトクと注いで、ゆっくり、ちびちび、これが本道、という〝トクトクおやじ〟派。

世間一般のこの二派に対する評価は、どちらかというと〝トクトクおやじ派〟のほうに点が甘い。

特に若い女性は〝いますぐおやじ〟に点が辛い。

と、これまでは世間の趨勢《すうせい》はそういうことだったのだが、ここへきて何やら様子が変わってきたようなのだ。

若い女性たちがカップ酒に理解を示し始めたというのだ。

「昨年の三月ぐらいから、立ち飲みブームの影響もあって、若い女性たちを中心に人気に火がついた」

「女性客にうけるために、カップのラベルにバンビなどをあしらうようになった」

とかの記事があちこちで見受けられるようになってきたのだ。

「最初は中高年を狙ってワンカップ酒場を開いたのだが、フタを開けたら意外にも女性客が多かった」

という記事もある。

ワンカップ大関が世に出たのはいつごろのことだろうか。

ぼくが大学生のころ、わが家は酒屋（小売り）をやっていたのだが、そのころはまだワンカップものはなかった。

そのかわりビンの形をした一合ビン入りの日本酒はあった。

ぼくはまだ若く、精神的につらいことも多々あり、そういうときは切羽詰まった気持

「酒はワンカップものと
決めています」
というおやじも多い
この厚手の
フチの口触りが
いいんだよね

ちになって、店のその一合ビンをグイーッと一気に飲み干したりしたこともあった。

〝いますぐおやじ〟ならぬ〝いますぐ学生〟だったわけです。

つまり、一合一気飲みの豊富な経験の持ち主であるわけですね。

そういうわけなので、そういう店に若い女性が押し掛けているなら、さっそくそこに駆けつけて、カップ酒一気飲みの勇姿を見せつけてやろうじゃないの、見せつけてうっとりさせてやろうじゃないの、うっとりとなった女性を一人、お持ち帰りしようじゃないの（できたら）と思いたった。

思いたったものの、一合一気飲みは、もう何十年もやっていない。

いま、はたしてできるだろうか。

うーむ、どうなんだろう。

簡単にやれそうな気もするし、とんでもないことになるような気もする。

卒倒ということも考えられるし、急性アルコール中毒でピーポーということも考えられる。
でも、こうなったら、やれるかやれないか、とにかくやってみよう。
それにしても、急にとんでもないことを思いついてしまったものだ。
動機は確かに不純ではあるが、一種の体力テストの意味もある。
とりあえずカップ酒を買ってきた。
リングを引っぱってフタを開ける。
カップのフチまで、ナミナミと酒が入っている。
口のところに持っていく。
プーンと日本酒のいい匂い。

ここまできたらもう引くに引けない。自分でもとんでもないことになった、と思う。
なんだか胸がドキドキする。
それまでイスにすわっていたのだが、コップを持ったまま立ちあがる。
左手を腰に当てて仁王立ちになる。
もう一度カップを口のところに持っていく。
あとはもうカップの底を上にあげるだけでいい。そのまま一気に流しこめばいい。

が、できない。それができない。もし万が一のことがあったら。

が、案外簡単にできるかもしれない。飲み終わって、ナーンダ、ということになるかもしれない。

一度イスにすわり直し、もう一度立ちあがる。

カップを口に当てる。

もしかしたら、これで命を落とすことになるかもしれない。

また口からカップが離れる。

イライラするなあ、もう、という読者の声が聞こえてくる。

あのね、いいかげんにしなさい、グッと一気に飲んじゃいなさい、飲んで死んじゃいなさい。

そんなこというけど、じゃあ、あんたできるか？　一合一気にグーッと飲み干せるか？

結果だけ報告します。

結局やりました。

ただし半分だけ。半分一気飲み。

しばらく天井だけグルグル回ってました。

（『コロッケの丸かじり』所収）

うな重と生ビールの午後

まあ、聞いてやってください。

人生にはこうしたことがよくあるものなんですね。きょう一日の、あの行動は、あれでよかったのか。

予定どおりにはうまくいかなかったが、かえってそれがよかったような気がする。そういうことってよくありますよね。

話というのはこうなんです。

今回は書くべき事実関係がたくさんあるのでどんどん書いていくことにします。ぼくは毎年、夏、半日人間ドックというのに入ることにしている。

朝八時半に始まって十二時過ぎには終わるのだが、前日の夜の八時から、一切の飲食を禁じられる。

十六時間飲まず食わず男は・・・

つまり、十六時間、飲まず食わずで過ごすことになる。これはツライ。

しかもことしは、前日の仕事が終わったのが八時半過ぎだったので、もはや何も食べられない。

食べられないと知りつつ、冷蔵庫から朝食の残りの塩ジャケを取り出し、ゴハンを茶わんによそってテーブルの上に並べる。並べてじっと見つめる。

すぐ目の前に塩ジャケとゴハンがあるのに、手にとって食べることができない。

ツライ。とてもツライ。じゃあ、そんなことしなきゃいいのにと思うでしょう？　そうなんです、しなきゃよかったんですが、せめてひと目、ゴハンと塩ジャケに会いたかった。

翌日。八時半人間ドック開始。十二時十分終了。

さあ、何を食うか？

飲むほうは、これはもう決まっていて、ようく冷えた大ジョッキの生ビール。この連載のずいぶん前にも、半日ドックのことを書いたが、そのときは生ビールにトンカツだった。

今回はウナ丼だ。ウナ丼に生ビール。ドックの間中、ずうっとそれを考えていた。人間ドックを受けた場所が東京駅の八重洲口の近くだった。ここからデパートの高島屋まで歩いて五分だ。高島屋には鰻の名店「野田岩」がある。「野田岩」にはまだ一度も行ったことがない。そうだ。「野田岩」でウナ重に生ビール。そういうことにしよう。

なんという妙案であろう。しかし待てよ、「野田岩」には生ビールは無いかもしれない。しかたがない。あくまで鰻優先、ビールはビンビールで我慢しよう。

真昼の炎天の中を、「ウナジューニビンビール、ウナジューニビンビール」と呪文のようにとなえながら歩いて行ってようやく高島屋に到着すると、なんと、「野田岩」のある「特別食堂」の前は人山の黒だかりで、じゃなかった黒山の人だかりで、四十分ほどお待ちねがいますという。

海原お浜さんは
奥目がウリでした
ひっこんでてなにがわるい
たしかこんな顔

　十六時間飲まず食わず男は、ただちにキビスを返して、今度は東京駅八重洲大地下街に向かった。

　ここには百軒以上の飲食店がある。

　むろん、鰻の店もあるはずだ。

　ウナ重も出すが生ビールも出すという店もあるはずだ。

　炎天下を、こんどは「ウナジューニナマビール、ウナジューニナマビール」ととなえながら歩いて行って大地下街に到着すると、ありました、ウナジューニナマビールの店が。

「太田窪」という店で「うなぎと天ぷらの店」とあり、「生ビール冷えてます」とある。

うな重の竹、二二〇〇円。生ビール、(中)(中しかない)六五〇円。

そうだ、うな重は時間がかかるから、その間の生ビール用に、エート、うん、これ、

板ワサ、五〇〇円。

　ところがですね、注文して二分とたたないうちに、うな重と板ワサと生ビールがいっぺんにやってきた。

紫の着物に黄色い帯をしめた、かつての漫才の海原お浜さんによく似たオバチャンが

持ってきてくれたのだが、うな重には、おしんことして、量たっぷりのツボ漬けと白菜の浅漬けがついている。生ビール用のツマミとしては、板ワサとこれで十分、楽勝という気分だった。

十六時間、飲まず食わずののちの生ビールは、五臓六腑どころか、五十臓六十腑にしみわたった。内臓十人分にしみわたった、ということですね。

それはいいのだが、最初のひと口で、一気に中ジョッキの半分まで飲んでしまい、そのジョッキを三秒ほどテーブルに置いただけですぐふた口めに移り、ふた口で全部飲んでしまった。

そのあと板ワサ（全部で五切れ）とか、ツボ漬けをポリポリ食べ、少し考え、海原のオバチャンに二杯目を注文した。

こうなると、楽勝だったはずの生ビール用のツマミが、急に心細くなってきた。板ワサはあと三切れだし、うな重用におしんこも残しておかなければならない。

ふつうならここで、ツマミをもう一品とる、ということを考えるのだが、そのときはなぜか別の方法をとってしまった。

板ワサとおしんこを、お醤油でビタビタにしたのだ。

板ワサにはワカメも少しついていたのでこれもビタビタにした。

ビタビタのワカメと、ビタビタの板ワサ三切れと、ビタビタのツボ漬けと白菜漬けは、一杯の生ビールには十分過ぎた。ビタビタものはビールに合う。

そこでまた海原のオバチャンを呼び寄せ、もう一杯持ってきてもらった。

中ジョッキ三杯ののちのうな重のウマかったこと。

お重の中のゴハン粒、一粒残さず食べました。ジョッキの中のビール、一泡残さず飲みました。

もし「野田岩」だったら、まず生ビールがなかったろうし、板ワサもなかったろうし、ビタビタのワカメにも、海原のオバチャンにも会えなかったにちがいない。

（『スイカの丸かじり』所収）

モツ煮込みの白いトコ

モツ煮込みのツユは大切である。

モツ煮込みのツユについて言及した人は、日本の料理史上、おそらく一人もいないと思われるので、この際わたくしが初名乗りをあげ、モツ煮込みのツユ専門の評論家として後世に名を残したいと思う。

モツ煮込みのツユはどうあるべきか。

まず問題になるのはその量である。

居酒屋チェーン店系の店のモツ煮込みのツユはきわめて少ない。

器の底のほうにほんのちょびっと。

あれはいけません。

モツ煮込みのモツは、下半身がツユにひたっていなければならない。

口に入れるときのモツは、ツユに濡れそぼっていてこそおいしい。

モツ煮込みというものは、お蕎麦のように、ツユにひたしてツユをからませて食べるものなのだ。

だから、いざこの一片を口に入れようというときに、下半身あたりにたまっているツユにもう一回ひたすのが正しい。つまり、モツとツユは常に近接していなければならない。

チェーン店系のように、〝モツがツユとお別れしてから久しい〟というような状態はきわめてよくない。

かといって、モツが水没してしまうほどたっぷしかかっているというのもよくない。風景的によくない。

モツが水没していると、見た目が汁物になってしまう。モツ煮込みは、煮物と汁物のちょうど中間に位置していなければならない。

食べ終えて、ネギと七味の香りの入り混じったツユをジルッと一口、おーウメー、おっと、もう一口、というあたりがモツ煮込みの魅力なのだ。

しかし、このモツ煮込みのツユ、すすり込むときなんとなくあたりを見回してしまいますね。

これは、本来、飲んじゃいけないものなのではないか。

いやしいボク、いじきたないボク、だけど飲んじゃうもんね、ジルッ、あーウメー、と、飲んだあと少し居直ったりしちゃいますね。

モツ煮込みのツユには、モツ自体のうまみと、モツの裏側についている白い脂肪、通称白いトコ、あの脂肪の味がにじみ出ている。

モツ煮込みのおいしさは、実はこの白いトコのおいしさなのだ。

大抵の店のモツ煮込みは、シロとかヒロとか呼ばれる腸の部分が多い。

ちょっとゴム管に似た感じがあって、そこのところをムギュムギュと嚙みしめると、その裏側についている白いトコが、まさにジュワーッという感じで口の中で溶ける。ま

さに脂の味。脂が溶けていく味。ちょっとミルキーで、やや甘く、そこのところへ味噌の味が加わり、ネギの香りが加わる。これを〝ムギュムギュの幸せ〟と世間一般ではいう。

モツ煮込みのアイデンティティーは、まさに白いトコそのものにあるのだ。ああ、それなのに、ああモツ煮込みよ君を哭《な》く。

この魅惑に満ちた白いトコを、わざと少しこそげ取ったりする店があるのだ。

「白いトコが多いとしつこすぎますのでネ」

なーんて言って、わざわざ手間をかけて、チョビチョビッと切り取ったりするのだ。

店によっては白いトコを全部こそげ取るところもある。

「ウチのモツは上品に仕立てあげてますのでネ」

なーんて言いやがるのだ。

そういう店に対してわたくしは大声で、

「こそげ取るなーッ」

と言いたい。そして、

「そのこそげ取ったやつをどこへやったーッ」

と叫びたい。そして、

「それをいますぐここへ持ってこーい」

と怒鳴りたい。

モツ煮込みのツユには、この白いトコが溶け出ている。

溶け出し、ツユに脂の味を加え、脂の加わったツユの味がモツ本体と白いトコに戻り、戻った味がまたツユに出て行き、また戻り、もうなにがなにやらの行ったり来たりが果てしなくくり返される。

大鍋でモツ煮込みを煮ている店では、一晩中これがくり返されている。

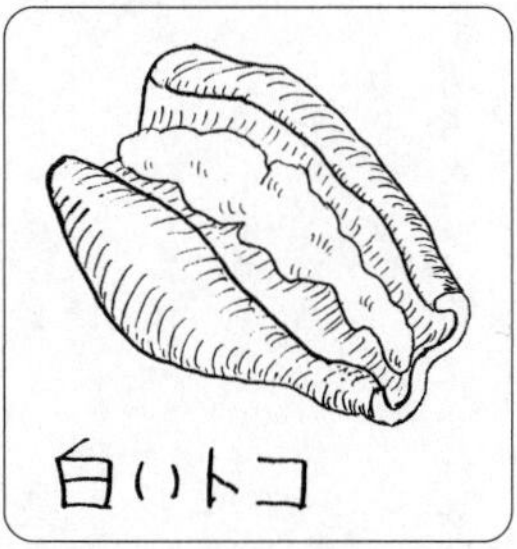

その日残ったものに、翌日さらにツユとモツがつぎ足され、なにがなにやらの行ったり来たりはさらになにがなにやらになり、なにがなにやらはさっぱりなにがなにやらわからなくなる。
モツ煮込みを食べるとき、人は器の中からつまみあげた一片を必ず見る。
「コレハナニカ?」
内臓のどこの部分か、腸か胃か肝臓か腎臓か、しかしわからず、ま、いーか、と口に入れる。

そしてビールなり酒なりを飲み、再び一片を取りあげ検分する。

「コレハナニカ」

しかしわからず、ま、いーか、と口に入れる。

自分とモツ煮込みのつきあいの歴史は古い。もうどれだけ長い間つきあってきたかはかりしれない。

もうとっくに「ナニカ?問題」は解決していいはずなのに、いまだに「コレハナニカ」をやっている。

まことに不思議なつきあいといわねばなるまい。

大鍋のある店に来た一人客は、必ず大鍋の前に陣取り、大鍋の中をじっと見つめながら酒を飲む。

大鍋の中に動きがあるわけではないが、目の前に、こんなにも大量のモツ煮込みが湯気をあげているという事実がなんだか嬉しく、なんだかたのもしく、鍋のまわりの人の顔は一様に静かになごんでいる。

(『タケノコの丸かじり』所収)

丼症候群

ガンバレ中華丼

中華丼はおいしい。

まず、このことを力強く申しのべておきたい。

すなわち、わたくしは中華丼の味方である。この立場も最初に明確にしておきたい。

どうもこのごろ、世の中全体が中華丼に対して冷たいような気がしてならない。内閣支持率というものがときどき発表されるが、最近の中華丼の支持率はどうなっているのだろう。

支持する　二三パーセント
支持しない　四七パーセント
あとの三〇パーセントは、関心がない、といったところではないか。

すなわち、世の中の大部分の人が、「そういえば、ここ十年、中華丼食べてないわね」

的状況、および、「そういえば、中華丼なんてまだあるの？」的状況にあるにちがいない。

中華丼はまだある。

大抵のラーメン屋風中華料理屋のメニューにあるし、スーパーに行けば、「中華丼の素」が大手二社から発表されている。中華丼はしぶとく生きのびている。

ぼくが学生のころは、中華丼の支持率はもっと高かったように思う。

「きょうは中華丼にしようか、天津丼にしようか」

などと、しょっちゅう迷ったものだった。天津丼というのは一種のカニ玉丼で、こっちのほうはカニの値段が高騰してからは見かけなくなった。

中華丼はなぜ生きのびているのか。

中華丼は、白菜、筍、しいたけ、キクラゲ、豚コマなどを油で炒め、これに片栗粉でトロミをつけてゴハンの上にドロリとかけたものだ。その上にウズラの茹《ゆ》で卵を一個のせる。

つまり、この材料、全部中華屋の冷蔵庫にいつもあるものなのだ。

中華丼のために仕入れたものなど一つもない。注文さえあれば、いつでもたちどころに作れる。

しかし中華丼はあまりに魅力に乏しい。魅力のある材料が一つもない。

しかし中華丼はいつでもすぐ作れる。

これが、中華丼がいかに衰退しようとも亡びない理由なのだ。

中華丼は見た目もよくない。灰色がかった全体は、色彩的にも訴えてこない。なんだかまずそうでさえある。しかし、食べてみると意外においしいんですね。

ついこのあいだも、高円寺のほうに用事があったついでに、一軒の中華屋に寄って中華丼を食べてきたばかりだ。

でも、中華屋に入って「中華丼」と注文するときはけっこう勇気が要りますね。その店は、菅井きんさんを太らせたようなオバサンがテーブルに注文を取りに来たのだが、

ぼくが、

「中華丼」

と言うと、一瞬、「エッ?」というような顔になった。

虚を突かれた、という顔になった。

それから、(この人はフツウの人じゃないわね)というウサンくさそうな顔つきになった。

もともときんさんの目はウサンの目なのだが、そのウサン指数が高くなった。フトきん(太めのきんさん)は、「ご注進、ご注進」という感じで厨房に入って行った。

そのあと出てきた中華丼が旨かった。炒めるときに、中華系のスープを混ぜたらしく、トロミに味がある。

この味のついたトロミが、白菜の葉先のしんなりしたところによくからまっていてゴハンに合う。

中華丼は、白っぽい塩系のものと、やや茶色っぽい醤油系のものがあるが、この店のは醤油系だ。

すなわち、ラーメンのスープにトロミをつけてかけた〝トロミかけめし〟となっている。

中華丼はレンゲで食べる。

レンゲというのは肉厚だし、先端もとがってないし、このトロミかけめしをすくいあげるのに適していない。

〝しいたけとゴハン〟だけをすくいあげようとするのだが、そこに白菜の葉先が混ざりこんできて、それがレンゲからダラリとたれ下がる。

〝肉とゴハン〟を取りあげようとするのに、そこに大きな

筍が倒れこんできてレンゲにのっかる。

まるで、解体家屋の廃材をすくいあげているショベルカーの運転手のような心境だ。

いっしょについてきたザーサイの一片を取りあげるのにも苦労する。どうしても〝レンゲで追いつめる〟というカタチになる。

最後の一口分のゴハンがなかなかすくいあげられない。これも〝追いつめる〟カタチになる。追いつめると相手は逃げる。

それにしても、この〝中華丼〟というネーミング、つけもつけたりという気がしませんか。外国人なんかが見たら、「うむ、全中国料理を代表する華麗な丼料理だな」と思うにちがいない。それにまた、中華丼と称しているのに、丼ではなく皿で出てくるのは

いかがなものか。

中華屋に入って中華丼を注文すると、店の主人が急にがっかりしたような顔になるのはなぜか。「フトきん」の御主人も明らかにがっかりしたような顔になった。チャーハンなんかだと、ヨーシ、と気合が入るのだが、中華丼は情けなさそうに作る。

中華丼は、カレーより簡単に作れるのに、家庭ではまず作られることはないのはなぜか。

「ラーメンでもとるか」と、ラーメンの出前をとるウチはあるが、「中華丼でもとるか」というウチは一軒もないのはなぜか。

すべて、中華丼に魅力がないせいだ。

最初に、中華丼の味方という立場だ、と言ったのに、出てくるのはグチばかりだ。

（『スイカの丸かじり』所収）

親子の味の親子丼

三人でお店に入って、それぞれがカツ丼と天丼と親子丼を注文するとき、カツ丼の人は、

「カツ丼」

と言い、天丼の人は、

「天丼」

と言う。ところが親子丼の人は、

「親子」

と言って「親子丼」とは言わない。

親子丼に限って「丼」が抜けるわけです。

「いや、わたしはちゃんと、『親子丼』と言いますよ」

という人は、都合がわるいのであっちへ行っていて。都合がよくなったらまたこっちへ呼びます。

なぜ丼をつけないのかというと、「親子」で十分通じるからなんですね。「カツ丼」の丼を取ると、「カツ」となって「カツ」と間違われるし、「天丼」のほうは「テン」となって、なんのことやらわからず、店員の目がテンになってしまう。

親子丼を注文する人の中には、

「ぼく、親子」

という言い方をする人もいる。

日本人同士の会話ならこれでいいが、ここに外国人が混じると、

「？……」

ということになる。

外国旅行の機内食のとき、「ビーフ・オア・チキン？」と訊かれて、「アイ・アム・ビーフ」と答え、「お前は牛か」と驚かれるのと同じような現象となる。

つまりですね、日本人は食堂へ行って、やたらに「親子」「親子」と言うが、親子という言葉と食べ物とは本来なじまない関係にあるのだ。

「きょうは昼に親子を食ってきたよ」

など、実はとんでもないことをしゃべっているのだ。

親子丼好きの
青年てぇものは
どうも
出世しそうも
ありませんですね
(出世しなくても
いいけどネ)

かつて、親子丼は、カツ丼、天丼と共に日本の三大丼と言われる大きな存在であった。

「エ？　三大丼って、カツ丼、天丼、うな丼のことじゃないの」

という人は、都合がわるいのであっちへ行っていて。

その三大丼の一つであった親子丼の凋落がここのところ激しい。

なぜか。

親子丼は、実は親子という名前をつけたために、親子関係という関係に縛られて身動きがとれなくなっているのだ。それが原因となって時代に取り残されようとしているのだ。

古めかしい親子という関係に縛られているために、夫婦別姓とか、核家族とか、ダブル・インカム・ノー・キッズとか、セックスレスカップルとかの新しい時代の波に取り残されようとしているのだ。

その検証をする前に、親子丼の実態を解明しておくことにしよう。

親子丼には本尊がいない。これが親子丼の最大の悩みだ。本尊のいない寺は寂しい。本尊のいない寺は次第に寂れていく。

カツ丼にも天丼にも本尊がいる。

カツ丼などは丼のどまん中に、本尊が堂々と横たわっている。

カツ丼を食べ始めるとき、誰もが（これからのひとときを、このカツにすがって生きていこう）と思う。（このカツだけが頼りだ）と思う。この祈願を、カツはどっしりと、頼もしく受け入れてくれる。

カツにはそれだけの力があるのだ。

天丼も同様である。

エビ一本ではやや頼もしさに欠けるので、二本力を合わせて応えてくれる。本尊がダブルで対応してくれるのだ。

親子丼には本尊がいない。いることはいるのだが、あちこちに分断されている。本尊

「親子おにぎり」
とってもおいしゅうザマス
シャケとスジコ

にすがって生きていこうと思い、頼ろうとすると、

「本尊はオレじゃないよ」

と言われてしまう。

みんなで責任を回避するシステムになっているのだ。一体どこのどれを拝めばいいのか参拝者は途方に暮れる。

その上、親子丼には正門がない。

天丼なら、エビのシッポが右に向いた手前が正門である。カツ丼ならば、カツの身がほっそりしたほうが左にあるときの手前が正門である。

「いや、ほっそりしたほうが右にくるほうが正門じゃないの」

という人は、都合がわるいのであっちへ行っていて。

親子丼は、親子関係にどのように縛られているのか。この検証に入ろう。

親子丼は「親子」と命名したために、親子以外を介入させることができない。鶏肉と卵以外のものを入れると親子ではなくなってしまう。

大阪には「他人丼」というのがあって、これは牛肉と卵だ。関東では豚肉と卵だったり、牛肉と卵を開化丼といったりするらしい。そういうややこしい人間関係を、丼の世界に持ちこんで一体どうする気だ。

ブロイラー化で鶏肉の魅力がなくなってきたいま、鶏肉だけに頼って生きていくことはできない。

鶏肉プラス牛肉プラス豚肉という新しい家族関係、新しい親子関係、新しい里親制度関係を考えるべき時期にきているのではないか。

時代は〝ニュー親子丼〟を待望しているのだ。

というわけでですね、作ってみました、牛と豚と鶏入りのニュー親子丼を。

そうしたらですね、これがなんともウマくなかった。

なんかこう、しみじみしないんですね。丼の中がなんか騒然としている。

やっぱり親子丼は親子水いらず、しみじみと食べるもののようですね。
じっとりと濡れた卵がうんと甘辛くて、その甘辛のツユがゴハンの深部三分の一あたりまでしみこんでそこで止まっていて、ときどきしみじみして地味な味の鶏肉が口の中にころがりこんできて……というのが〝親子〟の味のようですね。

（『親子丼の丸かじり』所収）

カツ丼、その魅力

「カツ丼」と聞いて興奮しない人はまずいまい。

数ある丼物の中でも、カツ丼の興奮度は高い。

「カツ丼」と聞いただけで興奮するのだから、目のあたりにしたときの興奮はその極に達する。

そば屋などでは、カツ丼のフタを取って、馬のように鼻息を荒くしている人を数多く見かける。

「ウーム、チクショウ。さあ殺せ」

と叫んでいる人もあちこちで見聞する。（しないか）

カツ丼という響きもいい。

カツドン。重厚にして篤実。豊潤にして剛直、実にその内容にマッチしたネーミング

カツ丼を目のあたりにして興奮する人
ウームチクショウさあ殺せ!
ふだんはおとなしい人なのだが…

ではないか。

最近はやりの、重箱入りの「カツ重」なんかとは格がちがう。「ジュウ」などと、まるで火が消えるときのような音で、しまりがない。カツドンと、「ドン」でしめくくったところが、まことに勇壮で思いきりがいい。

カツ丼のフタを開けてみよう。

丼は、そば屋で出てくる、朱や金や青で彩った「錦《にしき》手《で》」という派手なやつがいい。志野焼入りなんてのもたまにあるが、あれは陰気でいけない。

派手な模様入りのフタを開ける。

そうすると、どうしたってまず目につくのが、茶色く揚がったトンカツである。

こいつに目がいかない奴はどうかしている。あっちいけ。(どうも興奮しているな)

茶色くトゲトゲに揚がったコロモが、濃いかけ汁を吸って、濡れてしとってふくらんで光っている。

その周辺および上部にかけまわした、黄色と白のまだら模様の卵。それらの間に見えかくれする細切りの玉ねぎ。褐色と黄色と白の一団の上に緑のグリンピースが三つ、四つ。おや、裾野のほうに転げ落ちたのがもう一粒。

かすかにのぞいて見えるカツの切断面。そこは白く厚く、まるでパンのようだ。その切断面にも、まだ幾分ドロリとしている卵が流れこんでいるが、これもやがてカツの余熱でほどよい硬さに固まるであろう。

各部がそれぞれに、すっかり応戦態勢を整えて、最初のひと箸を待ちうけているのである。

カツ丼の魅力は、これら褐色の一団の圧倒的なボリューム感にある。

立ちのぼる、醤油と砂糖と出し汁とみりんの入りまじった汁の匂い。これから始まる、トンカツとそのコロモと卵と玉ねぎとかけ汁とゴハンの饗宴を思うと、めまいのようなものさえ覚える。こうなると、「もはやどうにもならぬ」あるいは

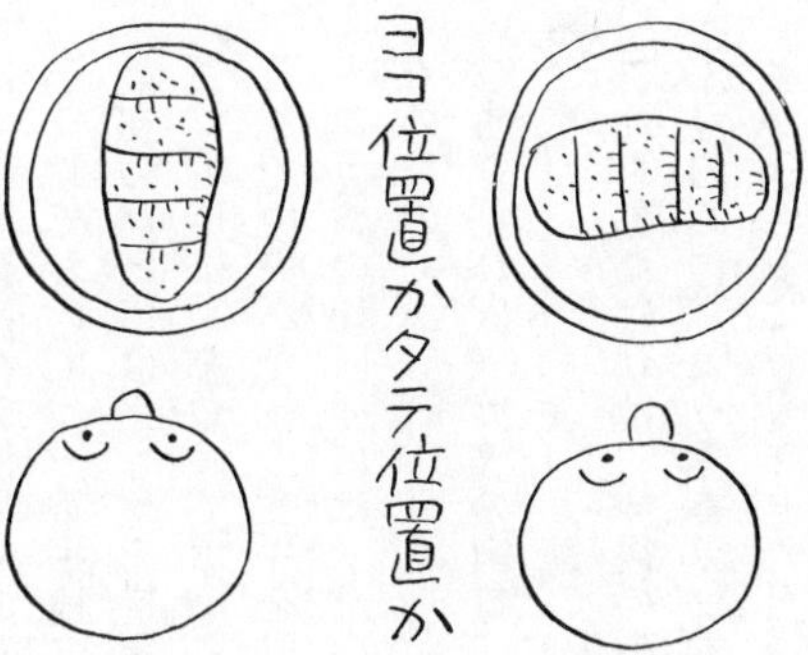

「誰もとめてくれるな」という心境になって鼻息荒く箸を取りあげることになる。

まず最初のひと箸を、どのあたりに突入させようか。

丼の上部は、全域が褐色の一団におおわれていてゴハンが見えない。

ゴハンにも早く会いたい。かけ汁にまみれたゴハンを早く見たい。と、ここで大抵の人は、興奮のあまり前後の見境がつかなくなって、いきなりカツ本体に手をつけてしまいがちだが、早まってはいけない。

その前に丼の位置を正そう。

トンカツの形は長方形がふつうだ。タテ位置に置くか、ヨコ位置に置くか、それを決

めなければならない。

ぼくの場合はタテ位置である。

そうしておいて、一番手前の一切れを右横の空き地に移動させる。

最初のひと口は、カツを排除した部分のゴハンを、卵と玉ねぎだけで食べる。

まだ本体に手をつけてはならない。

ここで中央あたりの一片を取りあげ、その切り口をとくと観察する。

トンカツの切断面には、その店の技量、方針、魂胆、陰謀、のすべてがあらわれているものなのである。

ここを見れば、カツの肉質、揚がり具合、厚み、脂身の分布状況などがひと目でわかる。

これを見なければ、今後の戦略が立てられない。

ふた口めに、ようやくカツ本体に取りかかる。

さっき右側に移動させたとき、コロモがはがれるようなことがあれば、これをきちんと着せなおしてやる。

部分的にほころびたところがあれば、箸の先で繕《つくろ》ってやって、本体とコロモは必ずいっしょに食べるようにしなければならない。

カツ丼のコロモは非常においしいものである。コロモだけでも、十分ゴハンが食べられる。

本体抜きの〝コロモだけ丼〟というものさえ考えられるくらいコロモはおいしい。

それに比べ、コロモをはがされたハダカのカツは哀れでおいしくない。

カツ丼の味は、実はコロモの味だといってもいいくらいだ。

コロモと、甘辛のうんと濃いかけ汁の味、これがカツ丼の実体である。

だから、カツ丼に限っては、まずくて食えないという店はあまりない。

そば屋のカツ丼も、ラーメン屋のカツ丼も、定食屋のカツ丼もそれぞれにおいしい。

かえって、トンカツ専門店のカツ丼のほうがおいしくない。

豚肉を吟味して上等の肉を使い、上等のサラダ油で揚げ、銘柄米のモッチリしたゴハンなんかだとかえっておいしくない。肉も油も米もほどほどがいい。

ヒレ肉を使ったヒレカツ丼などというものもあるが、あれは旨くない。ヒレカツは、カツ一枚、どこを食べても同じ味がする。トンカツの魅力は、脂身まじりの肉にある。

一枚のトンカツの片側のフチに、細い帯状に付着している脂身、これをどう按配しながら食べていくかがカツ丼の魅力なのである。

肉側七、脂身三、コロモ、卵、ゴハン、かけ汁、というひと口分の取り合わせは、目が細くなるほどおいしい。

ゴハンの部分の食べ方は、上部（カツおよびその一団）を食べた分だけ垂直に切りくずして食べ進んでいく、というのがよいようだ。すなわち、道路工事風垂直掘削方式である。これだと、上部とゴハンが同時進行なので最後まで安心して食べていける。まん中あたりまで食べ進み、その断層をしみじみ眺めると、カツの重みでゴハンの中央あたりが、くぼんでしなっているのがよくわかる。

こういう光景をしみじみ眺めるひとときも、カツ丼の楽しみの一つである。

「そうかそうか。カツの重みでゴハンがしなったか」

と、思わず会心の笑みがこぼれる。

食べたあと、「ああ、食った、食った」という〝食った感〟、これもカツ丼の魅力である。

（『キャベツの丸かじり』所収）

かき揚げ丼の後悔症候群

「天丼を食べよう」

と、堅く心に決めて店に出かけて行って、アゴなどなでながら、メニューを見るともなく見ているうちに、

「かき揚げ丼もわるくないな」

と、ふと思うことってありませんか。そう思って、結局、かき揚げ丼を注文して、かき揚げ丼を食べ始める。サクサク……。サクサク……。

とりあえずかき揚げを突きくずす。

かき揚げは、最初のこの〝ツキツキ、サクサク〟がいいんですね。

茶色いかけ汁がいましみこんだばかりのコロモを、箸で突きくずして口に入れる。続いて、その下の、やはりかけ汁がマダラにしみこんだ熱ーいゴハンを口に入れる。

サクサクのコロモが、口の中でシャクシャクとくずれ、油を吸った小麦粉香ばしく、甘から醬油のしみこんだマダラゴハンホクホクと口に甘く、ところどころの小エビムチムチと歯と歯の間でつぶれ、小柱キシキシと歯にきしむ。

そしてときどきミツバの香り。

かき揚げの魅力はサクサクの魅力。

サクサクは透き間の味わい。

具とコロモがみっしりと結合していなくて、か細いコロモが空気を含んでかろうじて繋がり合っている。

そこのところを、箸と歯で、サクサクとくずしていくおいしさ。

ここで一度整理してみると、かき揚げ丼は、ツキツキ、サクサク、シャクシャク、ムチムチ、キシキシ、ホクホク、と擬音だけで表現することができることがわかる。

かき揚げ丼のファンは意外に多くて、たとえば赤坂の「天茂《てんしげ》」の昼時は、かき揚げ丼の客八割、天丼二割という比率になるという。

かき揚げの魅力はコロモの魅力である。

天丼などのエビ天を食べていて、しみじみコロモの旨さを痛感することがある。コロモなくて何のエビ天ぞや、と思うことさえある。

このコロモのおいしさを何とかしたい、と考えた人が発明したのが〝タヌキ〟である。

コロモをバラバラにして、コロモのおいしさを味わおうとしたわけだ。

そして一度バラバラにしたタヌキを、今度はまた繋ぎ合わせたらどうなるか、と考えたわけだ。そう考えて、タヌキをもう一度繋ぎ合わせてみたものがかき揚げなのである。

タヌキの大同団結。

タヌキの大集会。

そのタヌキの大集会に、エビと貝が参集したのだから、まずかろうはずがない。

このようにかき揚げ丼はおいしいのだが、食べ進んでいくうちに、そうですね、半分

ぐらい食べた時点で、

「やっぱり、エビの天ぷらがのっかった天丼のほうがよかったかなあ」

と、ふと後悔に似た思いにかられることがある。

コロモだけでなく、コロモの中に包まれた、みっしりとしたエビやキスやイカなどがふと懐かしくなる。

実は、つい先だって、新橋の「橋善」でかき揚げを食べていて、ふとこの思いにかられたのだった。

ここのかき揚げ丼のかき揚げは大きい。赤ん坊の頭ほどもある。

直径十二センチはあり、座高は六センチ強あるから、丼の上に盛りあがってフタができない。

ここのかき揚げのコロモは糸状だ。

ふつうのコロモは、板状というか、幾分平べったく錯綜しているのだが、ここのコロモは糸状に錯綜している。「糸ダヌキ」というわけですね。

突きくずして内部を見ると、まるでアフロヘアのようにこんがらかっている。糸状だからもろい。もろいから旨い。サクサク感はまことに秀逸である。

しかも巨大だから、タテに突きくずすだけでなく、ナナメに突きくずしたり、横穴を掘ったりして楽しい。

そうやって楽しく食べていたのだが、ちょうど半分にさしかかったあたりで、ふと、そういう思いにかられた。

（天丼のほうがよかったのではないか）

かき揚げ丼には主役がいない。

具もコロモも、平均的に散開している。

サクサク、パクリで食事が始まり、サクサク、パクリで中盤が経過し、サクサク、パクリで食事が終了する。

食事の途中に、心が波立つものがない。リズム、動作、食感が、いつも同じでメリハリがない。

そういう寂しさに襲われる。

食べても食べても、全域同質、均質の単調さに飽きるのでしょうか。丼の中に求心力がない、というか、リーダー不在、というか、そういう物足りなさを感じる。

天丼であれば、エビ天にかかりきりのひととき、とか、イカ天にかかりきりのひととき、とか、そういう〝かかりきりのひととき〟がある。

ミュージカルに例をとりましょうか。たとえば「ウエスト・サイド物語」。

舞台があって、全員が揃って歌って踊る場面があって、ふと、それがやむと、ジョージ・チャキリスが一人で歌い始める。

ナタリー・ウッドが一人で「トゥナイト」を歌い始める。

一つの個性がクローズアップされるわけですね。

そうして、また元の、全員のシーンに戻っていく。

かき揚げ丼はこの〝全員のシーン〟ばかりなのですね。

そろそろチャキリス君に歌ってほしいと思っても、チャキリス君がいない。

飽きた。寂しい。変化が欲しい……。かき揚げ丼には、途中で必ずこういう時期がくる。

こういうひとときが必ずあって、

「マー、しかし、コノー」

と考え直し、

「天丼には、このツキツキ、サクサクは到底望めないわな」

と思い至り、

「天丼のほうがよかった、と思わない点もないではないが、やはりかき揚げ丼のほうがよかった、と言われれば、そうかな、と、このように考えてみるのもわるくはないわな」

と、考えて、結局のところは納得し、気を取り直して再びかき揚げ丼を食べ始める、と、このようにご理解をいただきたい。

（『駅弁の丸かじり』所収）

カレージルが足りないッ

今回のこの原稿は、全身を怒りに震わせながら書いていることを、まず読者諸賢に伝えておかなければならない。

そしてまた、この文章はぼくの血の叫びであることも伝えておかなければならない。

積年の大怨、遺恨五十年であることも伝えておかなければならない。

この原稿は4Bという濃い鉛筆で書いているのだが、怒りのあまり鉛筆の芯が原稿用紙に深くめりこんでいることも伝えておかなければならない。

〝積年の大怨、遺恨五十年〟とは何か。

ああ、なんだか動悸が激しくなってきた。それは、

「カレーのシルが足りなーいッ。ハァハァ」

ということである。

あとでシルが不足しないよう
最初に四等分してシルも
平均にかけて
万全を
期す
青年
泣いておる
のだぞッ

「カレーのシルをけちるなーッ。ブチッ」

ということである。

「ブチッ」は、ついに鉛筆の芯が折れた音であることはいうまでもない。

カレーのシルは、本当はソースとか言うらしいが、いまは気持ちが高ぶっていて、ソースなどという軟弱な表現はできないことをお許しねがいたい。

ぼくはこの〝カレーのシルが足りない〟という恨みごとを、深く心に秘めて悶々《もんもん》としてきた。

悶々五十年。

ぼくはこれまで五十年間カレーを食べてきた。

その五十年の間、ただの一度だって、

「ああ、きょうはカレーのシルが充分だった。余っちゃった」

という経験がない。

いつ、どの店で食べても、カレーのシルが足りなくて足りなくて、どんなにつらい思いをしてきたことか。

カレーを注文してカレーが到着していつも思うことは、

「この少ないシルをどうやりくりして無事にこの食事を終わらせようか」

ということである。

ほんとーに足りないんだよッ、シルがッ、ブチブチッ。

カレーを食べている間中そのことばかり考えている。

最初の一口にたっぷりとシルをかけて、あー、いけない、多すぎた、と反省し、次の一口は倹約しなきゃ、と、うんと少ないシルで食べてやっぱり旨くないや、と、反省し、福神漬けで間を持たせようと福神漬けで何口か食べ、まてよ、福神漬けばかりこんなに食べちゃ、後半、本当にシルがなくなったときに困るじゃないか、と反省ばかりしている。

一口食べてはビクッ、二口食べてはビクビクッ、この飽食の時代に、不足に怯えながら食べる食事なんて、カレーぐらいのものだろーが。

カレーのシルぐらいたっぷり出せーッ。ハァハァ、ブチブチブチッ。

牛丼屋を見ろッ。

ツユダクと称してシルダブダブだろーが。

好きなだけくれるんだよ、シルを。

それなのにカレー屋はシルをけちってけちって、客が苦しんでるのにしらん顔している。

ラーメン屋なんか、客はみーんなツユが多すぎて残してんだよ。

心血をそそいで作ったツユを残されても、ラーメン屋の主人は黙って流しにそれを捨ててんだよ。

カレー屋も客が残したシルを流しに捨てるぐらいダブダブにかけてみろッ。ボキッ。（鉛筆ごと折れた音）

一食分のカレーのシルの量は、全国的にほとんど一律である。

現状のあのケチケチした量は、一体誰が決めたのか。

消費者と相談して決めたのか。

オレは聞いてないぞ。

勝手に決めたあの量で、民衆は苦しんでいるのだ。

ぼくはカレーのシルが足りてるかどうか、十人の人に訊いて回ったが、十人が十人、シルが足りないといって泣いていたのだぞ。

少なくとも現状の二倍は欲しい、と、涙をぬぐっておったのだぞ。

日本人は、上から押しつけられた制度に柔順だといわれているが、ブラジルあたりだったらとっくにシル不足暴動が起きているはずなのだ。

現状のカレー屋の一食分のシルの量は、具体的にどのぐらいの量なのか知っている人は少ない。

把手《とって》のついた容器にシルを別盛りにして出す店がありますね、あの中のシルの量は、大きめの蕎麦《そば》猪口《ちょこ》一杯と同量であるということを知っている人は少ない。

カレーのシルは、シルだけで一食をまかなうおかずである。すなわち液状のおかずである。

そのおかずが蕎麦猪口一杯で足りるはずがないではないか。

ここまで読んできた読者諸賢は、改めて突きつけられたこの事実に怒りを覚えたにちがいない。

その昔、池田内閣は「所得倍増」をうたって国民の圧倒的な支持を受けた。

われわれも「カレージル倍増運動」を全国民に呼びかけようではないか。

このキャンペーンがうまくいかなかった場合は、政府に呼びかけて政令化してもらおうではないか。

国民はカレーのシル不足にあえいでいるのだ。

民衆の声なき声をすくいあげるのが政府の仕事である。

「郵政民営化」も大事かもしれないが、「カレージル二倍化」もまた全国民の血の叫びなのである。

小泉内閣のマニフェストにこれを掲げれば、支持率の上昇はまちがいないところであろう。

（『うなぎの丸かじり』所収）

大冒険　梅干し一ケで丼めし

そんなことが、はたして可能だろうか。

思いついてはみたものの、ぼくの胸は不安におののいていた。

丼一杯のゴハンを、たった一個の梅干しで食べきってみようと思いついたのだ。

不可能、と言う人もいるだろう。

無謀、と諭《さと》す人もいるにちがいない。

しかし、不可能への挑戦、と言う意味では、これは〝現代の冒険〟と言ってもさしつかえないのではないか。

勇壮そのものの〝活劇〟とも言えるのではないか。

一個の梅干しだけで丼一杯のゴハンを食べようとする決意は、犬ぞりだけで南極大陸を横断しようとする決意にも匹敵するのではあるまいか。

飽食の時代と言われて久しい。

人は毎日、飽食のやましさにつきまとわれながら食事をしている。そのアンチテーゼとしても、この試みは、時代にマッチした冒険と言えると思う。

しかも、この冒険の費用はきわめて安い。準備も簡単だ。

ぼくはただちに冒険の準備にとりかかった。

西友ストアー西荻窪店に行って、「富山コシヒカリ」というのを買ってきた。二キロ入り一一三八円である。

次に、東急デパート吉祥寺店に行って、「紀州、蔵出し、三年梅」というのを購入してきた。十五粒入り一一〇〇円である。

梅干しの選択にあたっては、粒の大きいこと、塩気の強いことを優先させた。減塩ものなど、とんでもない話だ。

お米をといで一時間おき、これを「タイガージャーJNP－〇七二〇PV」によって炊きあげた。

使用した電力は、多分、東京電力ものだと思う。

炊きあがったゴハンを、しゃもじで丼によそう。箸《はし》を取り出し、梅干し一ケを小皿にのせる。

このとき使用した、しゃもじ、丼、小皿の出自は、残念ながら明らかにできない。い

日の丸丼（百三十七円）

ずれも無名のものばかりだからだ。ただし箸だけは、箸袋に銘が打ってあった。「日本ばし　大増」とある。しかし、これが何物であるかはわからない。

箸袋には、「御楊子、御手拭き入り」とあり、自分の関与する仕事にはとことん責任を持とうとするその態度には好感が持てた。

これまでかかった費用は、ゴハン丼一杯が六四円（二キロ一一三八円から計算）。梅干し一ケ、七三円。総計一三七円（光熱費、交通費含まず）ということになる。

一回の食事が、一三七円で済むのだ。

さて。

目の前に、ホカホカと湯気をあげる丼一杯のゴハンと冷えびえと小皿の上に横たわる一個の梅干しがある。

なんだか日本人の血がさわぐ。

なんだか胸がドキドキする。

もし失敗したらどうしよう。不安で胸がいっぱいになる。

もし失敗したら、ただちに銃殺、ということもあるまいが、「それみたことか」と世間の嘲笑をあびるくらいは覚悟しなければなるまい。

よく見ると、梅干しの裏側に、シソの葉の小片がへばりついている。

〝梅干し一個だけで丼めしを一杯〟という精神からいくと、これは一種の不正行為ということになるのではないか。

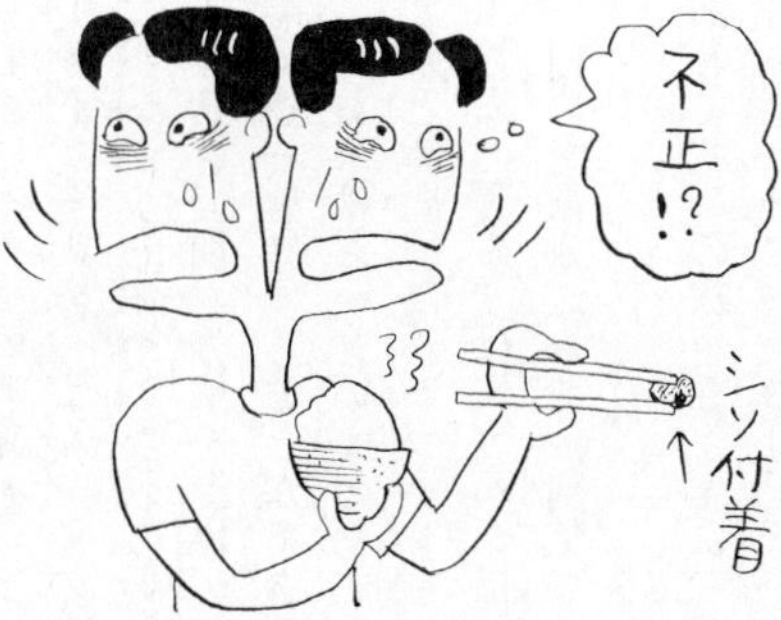

このシソの小片で、ゴハン二口はいけるはずだ。

しかし、このシソは、梅干しの付属物すなわち〝領域〟とみなすこともできる。

この問題は不問のまま、冒険は開始されることになった。

万が一に備えて、水一杯を用意した。

この水は「秩父源流水」というもので、「日立冷蔵庫　R‐五一五〇F形」内部において冷却されていたものである。

一口め。

箸の先に、ゴマ粒ほどの梅干しをけずりとってゴハンの上にのせて口に入れ、三十一回嚙んで飲みこむ。

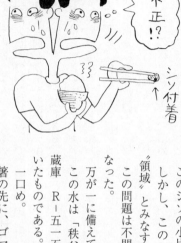

むろん、一口分のゴハンに対する塩気としてはまことに不十分である。一口分のゴハンの片隅に、かすかな塩気を感じるだけだ。

しかし、その分、ゴハンそのものの味を十分味わうことができる。ゴハンが少しずつこなれていって、唾液が少しずつ混ざっていき、炭水化物が唾液のプチアリンで加水分解を受け、デキストリンや麦芽糖になっていく過程を、三十一回の咀嚼《そしゃく》で逐一感知することができる。すなわちゴハンが口の中で甘くなっていく。

「このお米はおいしい」とか「おいしくない」とか言いながらも、ふだんの食事では、ほとんど瞬間的にしかゴハンを味わっていなかったことがよくわかる。

ふだんの食事では、ゴハンはおかずの塩気の緩衝剤としてしか扱われていないのだ。一口めを飲みこんで、何気なく箸をしゃぶると、箸の先に梅干しの味がしみこんでいる。

あわててこの味をおかずに二口め。

箸を割り箸にしたのは正解だった。塗り箸ではこういう余得はありえない。

三口めは、不安な先行きを思って梅干しなしのゴハンだけ。

我慢ばかりの生活は精神が痩せ細ると思い、四口めは通常の二倍のゴマ粒二粒分ぐらいの梅干しで食べる。

五口めは、さっき贅沢したから、と、ゴマ粒のさらに半分で耐える。

食べおえたあと
なぜかすがすがしい
気分がいたします
ぜひ一度
おためし
くださいませ
タネ

足りなければ補う、という日常から、突然の〝計画経済〟は、とまどうことばかりだ。

不思議なことに、つらい、という気持ちにはならない。

むしろ、一種のさわやかささえ感じる。

なにしろ、（次のおかず、何いこうか）という迷いがない。ふだんの食事は、この迷いの連続であるが、この食事は、（梅干しの次は梅干しで、その次も梅干し）なのだ。

（このあたりで、違うおかずが欲しい）

とも思わない。

このへんが梅干しの実力と言えるのかもしれない。

たとえばタクアンだけ、塩からだけの食事だと、途中できっと別のおかずが欲しくなるにちがいない。

梅干しの塩気、そして酸気、そして口の中に残る梅干し独特の香りが、おかず三種類分の力を発揮するようだ。

そうして、ゴハンがちょうど半分になったとき、梅干しもちょうど半分になっていたのである。

一時は、いよいよのときは種をしゃぶって難をのがれよう、それでもダメなときは、種を割って中の天神様におすがりしよう、とさえ思ったほどなのに、結局この冒険は大成功をおさめたのである。

（『タクアンの丸かじり』所収）

鉄火丼の汚れ

（どうもなんだか釈然としないな）

と思いながら食べ続け、

（どうもなんだか納得がいかんな）

と思いつつ食べ終えるのが鉄火丼です。

食べていてどうも腑に落ちない。

マグロの刺し身をゴハンの上にのせる意味があるのか。

ゴハンの上にのせないで、別皿にのせて出てきたほうがずっと食べやすいのではないか。

天丼やかつ丼や親子丼は、その具をゴハンの上にのせることによってゴハンに影響力を発揮するが、マグロの刺し身は下のゴハンに影響を与えるだろうか？

なんとかならんかッ
と鉄火丼を叱る井上さんであった

鉄火丼のごく普通の食べ方は、マグロを一枚はがして醤油にひたし、それを口に入れ、その空いたところのゴハンをほじって一口食べるという食べ方だと思う。

これはこれでいいのだが、マグロとマグロの間の狭い土地をほじるというところがなんだかいじましい。

あの、ホラ、密集した住宅地で水道工事の穴を掘っているような、あんな感じがしませんか。

マグロを別皿に盛れば、こんないじましい作業をする必要はない。

土地は広々、作業はのびのび、

心晴れ晴れ、急に楽しい食事になる。

せっかく広い土地、広い部屋でのびのび暮らせるのに、わざわざ狭いところにみんなで集まってみみっちい暮らしをしている。

しかも、狭いところに集まった利点がなにもない。

こういうところが、鉄火丼を食べていて釈然としない理由なのです。

（なんとかならんか）

なんて思いながら、みんな鉄火丼を食べてるにちがいないのです。

（なんとかならんか）と思ってなんとかしている人もいます。

ぼくが目撃したその人は、鉄火丼がとてもよく似合う〝鉄火丼馴れした〟中年のサラリーマンだった。

彼は鉄火丼が到着すると、丼の上のマグロをいきなり全部一か所に小高く積み上げたのだった。

ウーム、なるほど、と、ぼくは思わずうなりましたね。その手があったか。

途端に丼の上には広々とした土地が出来、もうどこを掘ってもいいし、どこを削ってもいい。

ただ残念なことに丼の上の景色が途端にわるくなった。

寒々としたものになった。

荒れ果てた更地、といった感じになった。

ここんとこなんです、鉄火丼の自家撞着は。

つまりです、丼の上のマグロ一か所積み上げ、あるいは全面撤去を行えば確かに作業はしやすい。

つまり食べやすい。

だけど丼の上は急に寂しくなる。

その寂しさに耐えられなくて、マグロを丼のゴハンの上にのせる。

途端に丼の上は賑やかになり、微笑みが戻る。

だけど途端に作業はしづらくなる。

みみっちい生活に戻ることになる。

人はなぜマグロを丼のゴハンの上に並べようとするのでしょうか。

なぜマグロ別皿に耐えられないのでしょうか。

それを知るために、とにもかくにも鉄火丼をしみじみと眺めてみましょう。

そこにあなたは、群れつどう人々、寄り添い合う人々を見ることでありましょう。

狭いながらも楽しい我が家を見ることでありましょう。

それとなんていうのかな、丼と自分との一体感、身内意識みたいなものも生まれてくるはずです。

いまからこいつとやっていくんだ、こぢんまりとやっていくんだ、そういう意識も芽生えるはずです。

マグロ定食を、いま頭に思い描いてください。

ホラ、一体感、身内意識、いまからこいつといっしょにやっていくんだ、こぢんまりとやっていくんだ、という意識が急に消え失せたでしょう。

そうなのです。

マグロが別皿だったらのびのび食べられるのに……。

でもそれだと狭いながらも楽しい我が家のヨロコビが味わえない。

この二つの気持ちの板ばさみを味わうのが鉄火丼なのです。

さあ、その板ばさみのヨロコビを噛みしめつつ鉄火丼を食べてみましょう。

ぼくがお勧めしたい食べ方はこうです。

まず小皿に多めにお醤油をそそぎます。そこにワサビを溶きこみ、ややドロドロのワサビ醤油とします。

ここにマグロを一枚ようくひたし、裏表ひっくり返した

のち元のところへ戻します。

これを全部のマグロに施します。

丼の中は元の姿に戻ったが、ワサビ醤油まみれというところがちがう。

そして、そうですね、十五秒程、腕組みなんかして天井でも見ていてください。

さあ、食べ始めましょう。

こうなったら、水道工事方式でも、一か所積み上げ方式でも、別皿全面撤去方式でも、どんな食べ方でもおいしいはずです。

ワサビと醤油がマグロにしみこんで〝超短期ヅケ状態〟となったマグロがおいしい。ワサビと醤油がしみこんだ海苔がおいしい。ワサビと醤油が少ししみこんだその下のゴハンがおいしい。

その三位一体がおいしい。

天丼やかつ丼や親子丼は、具と汁によって実際にゴハンは汚れているのだが、汚れているという印象はあまりない。

鉄火丼は汚れているという印象が強い。醤油色にどんどん汚れていく。

その汚れ具合がおいしい。


（『タヌキの丸かじり』所収）

エビ様と私

久しぶりに天丼を食った。

最近、「天丼を食った」と書くところを「いただいた」と書く人が多くなってきたが、天丼は「食った」である。

丼物というものはかっこむものである。ガシガシと男らしく食うものである。

それなのに「いただいた」では、なんだか体をくねくね、なよなよさせながら食べているみたいで、おいどんは好かん。

天丼は「食った」でごわす。

話が脱線したが、とにかく久しぶりに天丼を食った。

いざ食べようとしたとき、ふと思ったのだが、いきなりエビにいく人って世の中にいるのだろうか。

ふつう、天丼はまずエビ、そしてイカとかキスとかアナゴ、それから野菜になってナスとかシシトウとかカボチャという構成になっている。

地位的にいうと、エビがナンバーワンで、イカ、キス、アナゴなどがナンバーツー、野菜系はその他大勢という順位になる。

ぼくの場合は、いきなり一位のエビにいくということはない。

これまでの生涯で一度もない。

最初、ナンバーツーのイカとかキスあたりを一口食べ、ゴハンを食べ、二口目でやっとエビにいくかというとそれもいかないでその他大勢の野菜にいき、ようやく三口目で、サテ、とか、デハ、とか、イヨイヨなどと、心の中でつぶやいてからエビに取りかかることになっている。

このときの心境を自己分析してみると、本当は〝いきなりエビ〟が望みなのだが、我慢してイカにいくというのではなく、食事全体の流れを考えるとこうなるのだ、と言いつつもう一つ突っこんで本心を明かせば、エビにいきたくないわけねーだろ、ということになる。

だが今回は違った。

今回は堅く決意して天丼屋に向かった。

どういう決意かというと、

「今回こそは〝いきなりエビ〟でいくぞ」

というものであった。

行きつけの「てんや」に行った。

メニューを見て「特撰天丼　６２０円」にした。「お新香　60円」も取った。

「てんや」のサービスにはパターンがあって、天丼にお新香を注文すると、すぐにお新香が客の前に置かれる。

それから、もうすぐ天丼ができあがるというときに味噌汁が出る。

だから客は味噌汁が出ると（間もなく天丼到着だな）と、なんとなくお尻をモジモジ

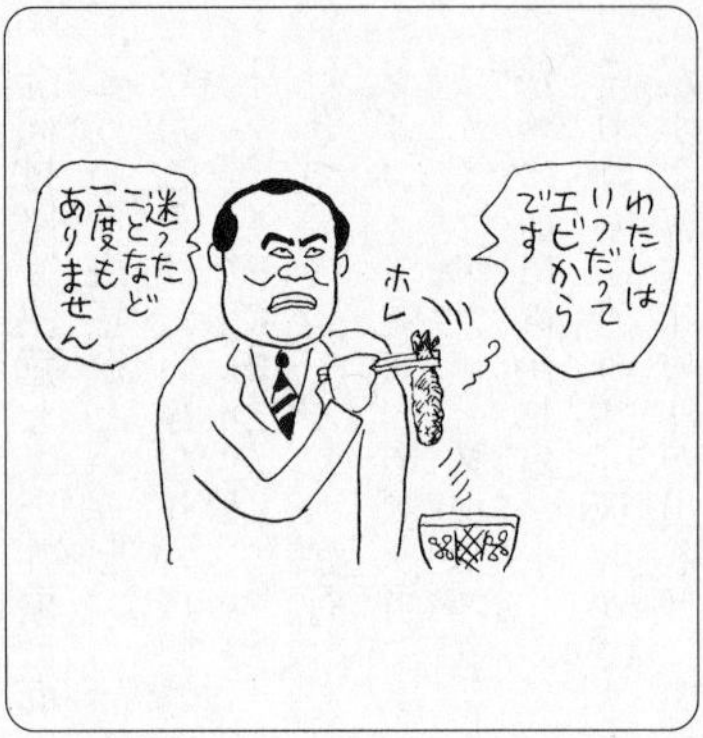

させる。

ぼくの場合はいつもお新香を取るので、味噌汁が出る少し前にお新香にちょっとだけお醤油をかけておき、そのあと味噌汁がきたらお尻をモジモジさせることにしている。

「特撰天丼」到着。

揚げ油のいい匂い。からっと揚がった天ぷら本体の匂い。そして天つゆの匂い。

丼の上にはエビ、キス、インゲン（二）、ナスが折り重なるように密集している。

天丼はこの密集感がいい。所狭しがいい。

天ぷらでゴハンを食べるには、天ぷら定食という手もあるのだが、天ぷら定食のほうは天ぷらが皿の上にダラッと展開している。

ダラッとを取るか、所狭しを取るかといわれれば、文句なく所狭しを取りたい。

日本人は狭い国土に人々が密集して暮らしているので、密集を見ると共感を覚える。なんだか安心する。

天丼の上の天ぷらたちの密集を見ると、

「おっ、きみたちもやってるの」

と嬉しい。

その密集をよく見ると、おおっ、エビ天が二本もあるではないか。

何という幸運、エビ天が二本あるからには、もう迷わず〝いきなりエビ〟を決行することができる。〝二本〟が勇気を駆りたててくれたのだ。

箸を握りしめ、その先端を丼の上に近づけていくと、箸先はなぜかエビの上空を逸れ、次第にインゲンのほうに近づいていくのであった。

自分でも意外であった。

〝エビは二本あるのだから〟の考えは〝インゲンは二本あるのだから〟の考えに瞬時に入れ替わったのだ。

しかしこれは正解だった。

天つゆのようくしみたインゲンはとてもおいしく、天丼のスタートとしての一口めにピッタリだった。

何より本人がそれで満足していることが正解であったことを示している。

それからやっとエビに取りかかった。

太いほうをかじった。ブチリと嚙み取った。嚙んだ。コ

ロモにしみた天つゆが香った。やっぱり天丼はエビだ。そう思った。そのエビがきょうは二本もある。そのことが嬉しかった。男たちは泣いた……いつのまにかプロジェクトXになっているのだった。

しかし、と男は思った。

きょうこそは〝いきなりエビ〟を決行する日ではなかったのか。

男は恥じた。小心を恥じた。優柔不断が悲しかった。

何とか名誉を回復しよう、そう思った。

最初の一本をひとかじりしただけなのに、男はもう一本を取りあげてかじった。

二本同時食い、この勇気ある行動によって、名誉を回復しようと思ったのだった。

名誉はこれで回復されたのだろうか。

（『うなぎの丸かじり』所収）

目玉焼きかけご飯

いまブームの卵かけご飯を、またもや作って食べていてふと思った。

卵かけご飯がこれだけおいしいのだから、目玉焼きかけご飯もおいしいのではないか。

いや、だめ、それはおいしくないに決まってる、やめなさい、そんなの、という声がぼくには聞こえてくる。

まあ聞きなさい。

簡単ご飯の古典にバター醬油かけご飯というものがありますね。

なにしろ古典として残っているくらいだから、これがまためっぽうおいしい。

わが想定の目玉焼きかけご飯の目玉焼きは、バターで焼くのです。

しかも、たっぷりのバターで焼くのです。

おおっ、と、思わず身を乗り出してきましたね。

わたしは
お皿とスプーンで
食べたいわ
これだと
いろんなふうに
突きくずしたり
混ぜたりして
食べられるから
たまごかけごはん
醤油

そうなのです。

単なる目玉焼きかけご飯ではなく、バター醤油かけご飯と、目玉焼きかけご飯の合併版というわけなのです。

この合併がおいしくないわけがない。

思いついて試行錯誤することいくたび、夢のような目玉焼きかけご飯が完成したのです。

目玉焼きをどのくらいの硬さにするか、ここが大きなポイントです。

ラーメンの名店などによく入っている半熟の、箸で突くと破れてドロリと流れ出すあの硬さ……よりもうちょっと軟らかめ、これに決まりました。

弱火で熱したフライパンにたっぷりのバターを入れる。大さじ山盛り一杯。

すぐに卵をジュッと落とす。

目玉焼きだから当然二個。

熱すること1分30秒。

炊きたてほかほかのご飯の上にフライパンからスルリと載せる。

そしていいですか、ここがポイントなのですが、スルリの上にもう一度バターを載せる。大きさは1センチ角ぐらい。

バターは熱すると香りが飛んでしまうので改めてバターの香りを楽しもうというわけです。

そのバターが溶けたところでその上からお醤油をタラタラタラ。できたら卵かけご飯専用のお醤油がいい。

これで完成です。さあ、やっちゃってください。

卵かけご飯の場合は、黄身と白身が入り混じったものをおかずとして、いきなりズルズルとすすりこむことになるわけだが、目玉焼きの場合は黄身と白身がまだ別々になっている。

つまり、卵かけご飯の場合はおかずは一つだが「目玉焼き……」のほうは二種類のお

わたしは
丼で食べたい
目玉焼き丼
として
食べたい

かずがあることになる。

さあ、どっちからいったらいいか。

ま、楽しく迷ってください。

ぼくの場合はこうなりました。

まずドロリとした白身とバターと醤油の、わりとさっぱりした味を味わい、次に黄身とバターと醤油の味に移り、最後は両者混合の味を楽しむ。

やはり一番おいしかったのは黄身で、もうね、あれです、ねっとりの極致、半熟のドロリとした黄身が、バターと醤油を伴ってねっとりと舌にからみつく、というか、ねとりつくというか、べたつくというのとも違い、まとわりつく、というのとも違って、舌の味蕾《みらい》と味蕾の間にぬめりこむ、といったらいいのか、うん、そう、あれです、舌と黄身の濃厚なキッス。

黄身が舌に抱きつき、舌が黄身を吸いよせる。

半熟卵の黄身と舌は相思相愛だったんですね。

その相思相愛を、うんうん、許す、もっとハゲしくてもいいよ、と味わっているひとときというものは、もう、たまらんです。

卵かけご飯の場合は、せっかく炊きたての熱々ご飯を用意しても、生卵は冷たいからどうしてもご飯が冷えてしまう。

そこのところの解決策はないのだが、「目玉焼き……」のほうは両者が熱々の上に舌と黄身もアツアツの仲だから、その辺一帯の乱れぶりは、想像するだに恐ろしい。

卵かけご飯は醤油に限るが「目玉焼き……」のほうはどうなのか。

ふつう、目玉焼きはウスターソースで食べる。

目玉焼きとハムのハムエッグの場合は塩と胡椒《こしょう》ということになる。

いかにも両方とも「目玉焼き……」に合いそうな気がするが、やはり断然醤油です。

醤油以外は全く合いません。

卵かけご飯にマヨネーズは合いません
キッパリ

というわけで、うっとりと幸せにひたりつつ目玉焼きかけご飯を食べていたのですが、そのときまたしても、ふと、頭にひらめくものがあったのです。

そうして、目玉焼きかけご飯は、更なる発展を遂《と》げることになったのです。

このとき目玉焼きかけご飯はもう一段階進化したのです。

いいですか、落ちついてくださいよ。

白身、黄身、両者混合と食べ進んでいったら、そこんとこへマヨネーズをちょこっと混ぜちゃってください。

そしたらそれをかっこんじゃってください。

わかってますよね、マヨネーズは卵でできているってことを。

相思相愛の舌と黄身が濃厚なシーンを演じているところへ、卵の大親分が乗りこんでいくんですよ。

もう、どうなったって知らんよ、わしは。

(『コロッケの丸かじり』所収)

豆腐丸ごと一丁丼

ニンマリ系の丼というものがある。
見ただけで思わずニンマリしてしまう丼。
丼物はおしなべて、フタを取って一瞥《いちべつ》すると大抵の人はニンマリする。
親子丼の鶏肉が黄色い卵にまみれて湯気を上げ、そこに三つ葉の緑が見えたりすると
ニンマリする。
天丼のエビ天のコロモが天つゆの色に染まってほとびているのを見てニンマリする。
鰻丼の鰻が飴色にふっくら焼き上がってタレで光っているのを見て、けしからん、許
さん、と怒り出す人はいない。
どの丼にもニンマリするのだが、中でもニンマリ度の高い丼をつい最近発見したので
ある。

突き
崩し
ほじり
えぐり
へずり
持ち上げ
けずり
こそげ
楽しき哉
豆腐丸ごと
一丁丼！

雑誌のグラビアで初めてその丼を見たとき、ニンマリが止まらなかった。

グルメ雑誌の丼物特集のグラビアで紹介されていたのだが、これまで見たことも聞いたこともない丼だった。

異様であり、素朴であり、存在感があり、迫力があって、しかし見ているとつい笑ってしまうという丼。

飴色に染まって、いかにもようく味がしみ込んでいそうな丸々一丁の豆腐が、ずしんと丼のゴハンの上にのっかっている。

ただそれだけの丼なのだが、〝ただそれだけ〟というところがおかしい。

なにしろかなり大きめの豆腐が丸ごと一丁であるから、豆腐の一部は丼からはみ出して垂れ下がっている。

〝はみ出している〟というところもおかしいが〝それをかまわぬ〟としているところもおかしい。

大きな豆腐一丁はそれだけでもかなりの重量だが、それがたっぷりの煮汁を含んでのっかっているわけだから、のっかられるほうはたまったものではない。

豆腐の間からわずかに見えるゴハンが、重いよー、と言っているのがよくわかる。

丼にゴハンを盛ったとき、平らにならさず、右側が高く、左側を低く盛ったらしく、上にのっかった豆腐もその斜面どおりに左側にずり下がっているところがおかしい。

この丼は、おでんで有名な「お多幸本店」の名物料理で、もう四十年も前から人気のメニューなのだそうだ。値段はなんと三七〇円。

「喉が渇くほど甘じょっぱいおでんのつゆが、淡白な特注の木綿豆腐と好相性。喉ごしの良さゆえか、硬めに炊かれた茶飯と一緒になると恐ろしいほど食べ進んでしまう」

と、グラビアの横に説明がある。

「つゆだくの状態のうちに急いでかっこもう」

とも書いてある。

おっとっと
とか言いながら豆腐を丼に移そうとしている白石さん（62歳）

そのグラビアの写真が旨そうで旨そうで、急いでかっこもう、なんて言われなくても急いでかっこみたくなる。

「お多幸」に出かけて行く時間も惜しい。

ただちに制作にとりかかった。

木綿豆腐を買ってくる。喉が渇くほど甘じょっぱいというし色も濃く煮上がっている写真を参考に、普通のおでん汁ではなく蕎麦つゆを買ってくる。

蕎麦つゆに砂糖や調味料を足したりして、かなりしょっぱめの煮汁を作る。

この丼は、豆腐丸ごと一丁というところにその存在理由があるわけだから、寸分たりとも崩してはならない。

豆腐が角切りであったり、麻婆豆腐のように煮崩れていては、見た目も面白くないし味も違ってくるはずだ。

煮上がって豆腐を取り出すとき、崩さないためにフライ返しのようなものを差し込まなければならない。

そのためには豆腐よりひとまわり大きな鍋を用いなければならない。

煮物の味は、火を止めて温度が下がっていくときにしみ込むから、十分煮ては火を止めて温度を下げ、また火をつけては冷ますということを五回ほどくり返し、ついに豆腐は全体が飴色に染まった。

丼にゴハンを盛る。豆腐がずり下がらないように平らに盛る。

「お多幸」のは茶飯だが、ふつうのゴハンで、その分つゆだくにするつもりだ。

鍋からフライ返しを使って丸ごと一丁の豆腐をずりずりとゴハンの上にのせる。

完成。盛んに湯気が上がっている。うーむ、いい匂い。うーむ、豆腐一丁丸ごとの迫力がすごい。

ゴハンの上に豆腐一丁をのせただけ、という素朴さがいい。

「あいつはいい奴だ」という表現があるが、「こいつはいい丼だ」と思う。好感がもてる、というやつですね。

では、と箸をとる。

丼物は、ゴハンより具が多いものはない。ゴハンよりかつが多いかつ丼はないし、鮪のほうが多い鉄火丼はない。

豆腐一丁丼は明らかにゴハンより具が圧倒的に多い。

そして丼がやたらに重い。

豆腐一丁丼は、丼界で一番重い丼なのではないか。崩さぬように崩さぬように仕上げたゆえに、いざ突き崩すとき、かなりのためらいがあった。

豆腐の表面と中心では味の濃さが違う。濃いところとゴハン、味の薄いところとゴハン、薄いところとつゆだくのゴハン、というふうに様々なバリエーションが楽しめ、豆腐と煮汁とゴハンという種も仕掛けもない料理なのに、まさに、次から次にかっこまないではいられない旨さであった。

(『ホルモン焼きの丸かじり』所収)

カツカレーの正しい食べ方

今回は「カツカレーの正しい食べ方」です。

これを読んでドキッとした人が大勢いるのではありませんか。

これまで自分は、正しい食べ方でカツカレーを食べていただろうか。自分流の食べ方で食べていたのではないだろうか。

その自分流も、毎回同じパターンがあるわけではなく、そのときどきでカツをかじったり、カレーをあちこちすくったりして食べていたのではないか。

なぜこんなテーマを持ち出してきたかというと、テーブルマナーというものがありますね。

パンにバターをつける正しいつけ方、とか、白身魚のムニエルの正しい食べ方、とか、大抵の料理にはそれぞれの〝正しい食べ方〟がある。

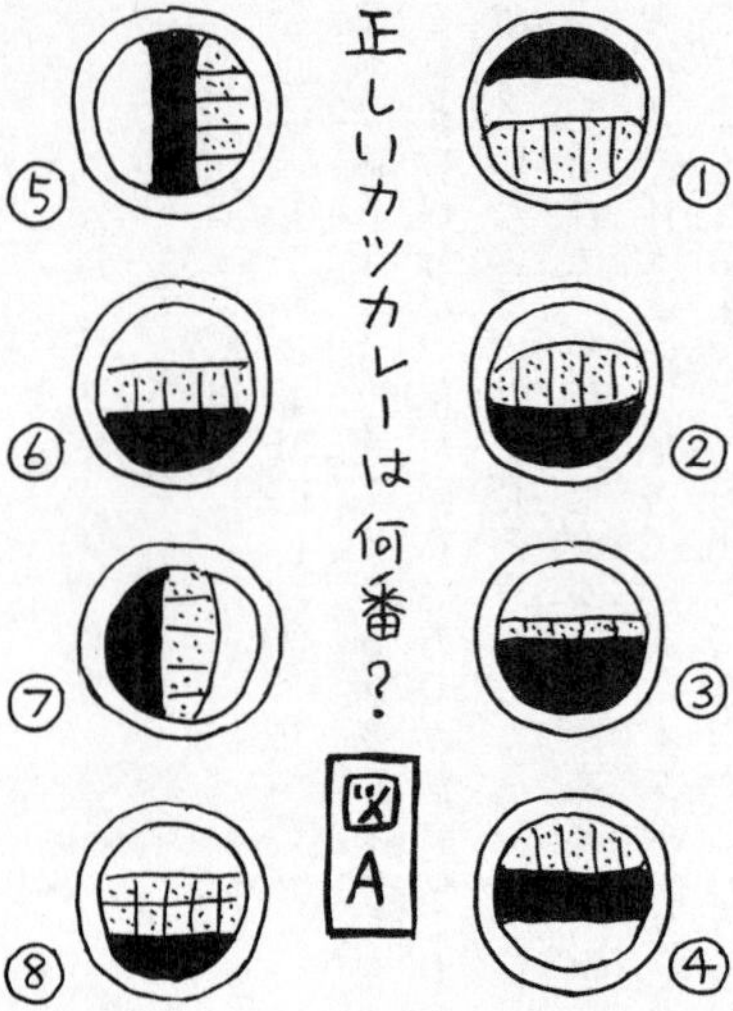

テーブルマナーに関する本はたくさん出ているが「カツカレーの正しい食べ方」はどの本にも載っていない。

こんなことでは、もしですよ、宮中晩餐会にカツカレーが出た場合、世界各国の要人たちはどのように食べたらいいのかわからなくて大騒ぎになることが考えられる。

世界がグローバル化しつつある現在、カツカレーだっていつグローバル化するかわからないではないか。

世界各国の要人たちに「こうです」と胸を張って答えられるマナーをいまから確立しておか

なければならない。

もちろんぼくも「正しい食べ方」を知っているわけではないので、読者諸賢と共に模索しつつ、一つ一つマナーを作っていこうではありませんか。

それでなくてもカツカレーは、マナーにしにくいややこしい問題をたくさん抱えこんでいるので、マナー作りは難航が予想される。

カツ全域にカレー汁をかけるべきか、下半身のみとするか。

スプーンで食べるのか、箸も併用していいのか。

カツにソースをかけてもいいのか、いけないのか。

福神漬は添えるべきなのか、添えてはいけないのか。

カツカレーを心から望んで注文しておきながら、いざカツカレーの皿が目の前に置かれると、心ときめくものがあると同時に、厄介なものを背負いこんでしまったな、これからしばらく面倒なことになるな、という心境になるのはそのためなのだ。

まず形からいきましょう。

店によっていろいろなパターンがあるが、正解は図Aの⑥です。

なぜって、いちばん形が決まってるじゃないですか。

カツはライスを枕にして上半身をあずけ、下半身のみにカレー汁がかかっている。カツは皿の上にペターッと寝ていてはいけないのです。

こういうのはカツカレーとは言わない。断じて言わない!!
キャベツ
おはし

カツライスのときは専用の皿にペターッと寝ているが、あれは自宅だからあのようにくつろいでいてもいいのです。カツカレーの場合はカレーの皿、つまりよそんちなのだからそれなりのマナーが要求されるのです。

〝下半身のみカレー汁〟は、こうすると、下半身はカレー汁で濡れてしっとりとし、上半身は揚げたままのカリッとしたサクサク感が残り、二種類の食感が楽しめることになる。

スプーンのみで食べるのか、箸を併用してもいいのか。

いけません。カツカレーはスプーンのみで食べるのが正しい。理由はあとで述べます。

カツにソースをかけてもいいのか、いけないのか。

いけません。これもあとで言います。

福神漬はどうしましょう。福神漬は必ず添えてください。

この文章の冒頭のところで、「読者諸賢と共に模索しつつ」と書いておきながら、読者への相談なし、一方的に決めていくのはいかがなものか、という意見に対しては、政府の諮問委員会とかいうものも、最初に結論が出ているのに一応お伺いを立てるという形式をとるではありませんか、と言ってこれを答えとしたい。

カツカレーについて決めるべき事項はまだまだある。

カツカレーは食べているうちにだんだん興奮してくるが、興奮してもいいのか、いけないのか。

興奮しなさい。

カツカレーは、食べつつも検討しなければならないことが余りに多い。

カレーだけならば、スプーンですくっては口に運び、すくっては口に運べばいいが、カツカレーの場合は、そろそろカツをかじってやらなくちゃ、とか、このへんでうんとカレー汁をまぶしたカツとそれほどカレー汁をまぶしてないライスを一口食べて、エート次は、それほどカレー汁をまぶしてないカツとうんとカレー汁をまぶしたライスを食べて、なんて検討していると、だんだん頭が混乱してきて放っておいても興奮してくるものなのです。

カレー汁のほうには具は入れない
福神漬
特に肉はダメ
肉の立場がなくなって
かわいそう

さて最後の設問です。

カツカレーのことをどう思いつつ食べたらいいのでしょうか。
これはカレーライスである、と心の底から断じながら食べるものなのか。
あるいは、これはカツライスである、と心の底から断じながら食べるものなのか。
そこのところがみんな曖昧なんですね。
あるときはカツのほうに心が揺れ、またあるときはカレーのほうに入れ込む。
このへんで態度をはっきり決めましょう。
カツカレーはカレーである。
これで箸の問題もソースの問題も福神漬の問題も一挙に解決する。
なあに、カツカレーなんて、もともとどっちだっていいもんなんですから。

（『ホルモン焼きの丸かじり』所収）

え？　冷やしかつ丼？

夏においしい冷たい料理はいろいろある。

まずソーメン、冷やむぎ、冷や奴、冷やし中華、冷やししゃぶしゃぶ、それに宇宙飛行士の若田さんが地球に戻ったら食べたいと言っていた冷やしたぬき、たぬきとお友達の冷やしきつね……。

これらの料理はとにかく冷たい、うんと冷たいというところに意味があって、ソーメンや冷やむぎなどは氷まで入れてキーンと冷たく冷やしている。

だがよく考えてみると、いずれの料理も煮炊きした時点では熱かった。うーんと熱かった。

うんと熱いところを食べてもよかった、というか、そっちの食べ方のほうがむしろ主流だったものが多い。

ソーメンだって煮麺《にゅうめん》という食べ方があるし、たぬきそばは熱いほうが本家である。

冷や奴は別にして、あとは全部いっとき熱かったものを強引に冷やしたものだ。

冷やしたぬきも、冷やしきつねも、ぼくの子供のころにはなかった。

もともと熱々で食べるものを、冷やして食べてみたらおいしかった、それで、いけるじゃないかということになった。

そうしてみんなに認められて生き残った。

つまり、いまある〝冷やし〟と称するものは勝ち組なのである。

このところ急浮上してきた冷やしラーメン、冷やしカレー、冷やしおでんなどは、勝ち組として残れるかどうか、これからが勝負だと思う。

もともと熱い料理が目下次々に〝冷やし〟に挑戦しているが、その中の一つとして登場してきたのが冷やしかつ丼である。

ドキッとしたんじゃないですか。

え？　冷やしかつ丼？　かつ丼を冷やして食べる？　駄目じゃないかそんなことしちゃ、と、怒りだした人もいるんじゃないかな。

かつ丼というものは、出来たての熱いやつをフーフー吹いたりして、アチチなんていったりしながら食べるものでしょうが。

時間がたって冷めたりしても味が落ちるのに、

「え？　冷やす？　わざわざ冷たくして食べる？　よしなさい、そんなこと、もう本当に怒るよ」

という人もいるかもしれないが、実際に冷やしかつ丼を作っちゃった店があるのだから、いまさらどうにもならないのだ。

「そうか、作っちゃったのか、作っちゃったのならどうしようもないが、オレは嫌だよ、冷やしかつ丼なんて絶対に食わんぞ。でも、どんなふうに冷やしてあるのか、どんなふうに食べるのか、おまえ行ってこい、行って食ってこい」

という成りゆきに当然なると思うので、

「じゃ、行ってきまーす」

ＪＲの水道橋の駅のそばにある「かつ吉」という店。

「かつ吉」といえばとんかつの店として有名で、テレビや雑誌などのとんかつ特集では常に登場する老舗。

天井に太い梁を使ったりした民芸風の大店。

店内広々、空間たっぷり、客多数。

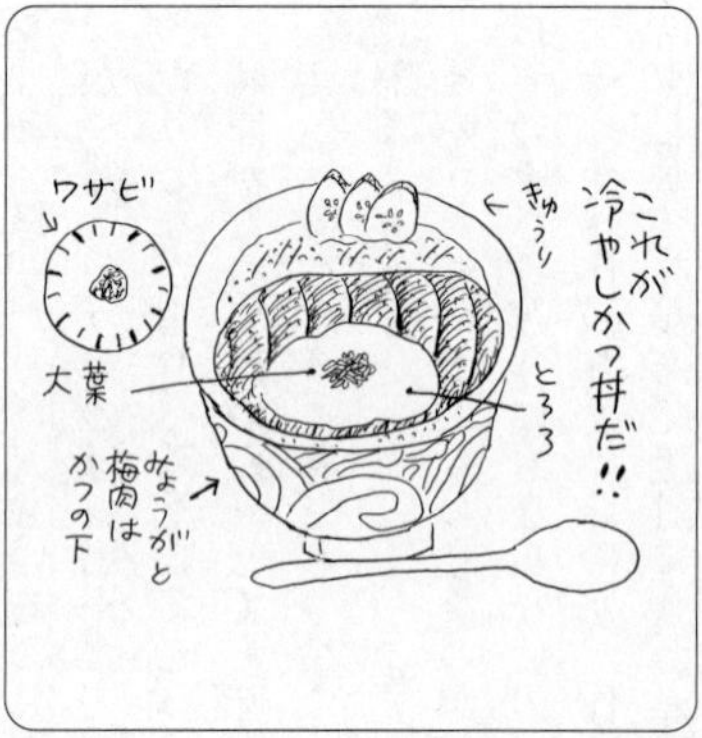

冷やしかつ丼、１３００円。

「おまたせしました」の声とともに出てきました、冷たいかつ丼が。

かつ丼はふつう湯気とともに出てくるものだが湯気なし。

して、上空から見た全容は。

丼の中に茶色いかつが横たわり、その上に白雲のごとくのっかっているのはとろろ。

そうか、いきなりとろろときたか。とろろの上には刻んだ大葉。これが緑。丼のフチに並べられた三枚のきゅうりも緑。

色どりよし、見栄えよし。

かつをめくってみると、そこにはみょうがと梅肉。別皿にすりおろしたワサビ。添えられているのがスプーン。

さあ、これらのものをどう操って食べていくのか。

丼のゴハンの表面すれすれのところまで半透明のかけ汁がかかっていて氷が二個、その上に揚げたてのかつがのっかっている。

だからかつの裏側は湿っているが表側は揚げたてのサクサク状態。

スプーンが添えられていることから考えると、お茶漬食い、というか、牛丼のつゆだく食い、というようなことになるようだ。

スプーンでかかっている汁を一口飲んでみると、ふつうのかつ丼にかかっている汁とまるで違う。

基本はかつ丼のつゆで、それにコンソメっぽい味が加わって薄まり、つゆというよりスープという感じで、さぞかし工夫を重ねたであろうという味わいになっていて、これだけ飲んでもおいしい。

とにかく自己流で食べるほかはない。

スープにひたったゴハンをスプーンですくって食べる。

うん、このスープはゴハンに合う。

スープにひたったかつを食べる。

うん、このスープはかつにも合う。

みょうがや梅肉をときにはスープに混ぜ、ときにはとんかつにのせ、ときには大葉とゴハンとスープをいっしょにすすりこみ、ワサビをちょっと効かせ、うん、これはこれでおいしいじゃないの、と言いかけて、ま、これはこれでおいしいんだけど、と言おうとして、いやいやこれでなかなか、と思い直し、もしかしたらこの冷やしかつ丼、勝ち組として残るかもしんないな、なんて思ったりしたのだが、浅慮、早計。「かつ吉」の冷やしかつ丼は、店のメニューとなってすでに七年、これまでに出た数三万食というから、すでに勝ち組となっていたのでありました。


（『いかめしの丸かじり』所収）

ウニ丼騒動記

朝、朝刊がきている。

朝刊の間に分厚いチラシ広告がはさみ込まれている。

「ンモー、こんなにたくさん」

と思う人と、

「オオッ、こんなにたくさん」

と思う人とがいる。

「ンモー」の人は迷惑に思って怒っている人であり、「オオッ」の人は喜んでいる人である。

あなたはどっちの人ですか。

ぼくは「オオッ」の人です。

一生に一度でいいからこういうウニ丼食べたい
ウニの層
ウニの層

なぜかというと、折り込みのチラシ広告にはときどきぼくの大好きなものがはさまっているからなのです。

スーパーのチラシ、マンションのチラシ、配達ピザのチラシなどもそれぞれに楽しいのだが、中でもデパートの物産展のチラシ、これです、ぼくのお目当ては。

物産展のチラシは見ているだけで楽しい。

隅から隅まで楽しい。

裏まで楽しい。

スーパーなどのチラシは、表を楽しんだあと、さて裏は、と返すと裏はまっ白だったりすることがあって、寂しい思いをすることがあるのに比べ、デパートの物産展は必ず裏もある。

物産展にもいろいろあるが、ぼくが一番コーフンするのは北海道展だ。

これに大がついて、大北海道展ということになると更にコーフンする。

つい先日、あったんです、大北海道展が、新宿の京王百貨店で。

で、そのチラシが朝刊にはさまれていたのだが、そのチラシの冒頭にデカデカとウニ丼の写真が出ていた。

「とろける生ウニ」「ボリュームたっぷりの贅沢な一品」という説明があって、事実、そのウニ丼の表面一杯に、つやつやと大粒のウニがびっしりと盛り込んである。

コーフンは極に達しました。

ウニ丼にウニを盛り込もうとしている人は、いかにすき間なく、しかしいかにウニのはじが折り重なることなく、いかに少量でたくさんに見えるかに腐心するものなのだが、このウニ丼は写真で見るかぎり、ウニのはじが隣のウニと折り重なっている。

めったにないことなのだが、ウニが層になっている。

その層に厚みがあるように見える。

層の表面に並んでいるウニを念のため数えてみると三十二粒ある。

その三十二粒の下にもウニは並べてあるわけだからその総数ははかりしれない。

行くべし、ということになった。

値段は二一〇〇円。

目ざすは新宿の京王百貨店七階大催場。

電車のつり革につかまっていても頭の中はウニ、京王百貨店のエレベーターに乗っていても頭の中はウニ、会場入口に着いたときにはもう頭も口も胃も腸もウニ。

全身ウニまみれ。

しかし、何という非情。

ウニ丼のところに「売り切れ」という紙が張ってあるのだった。

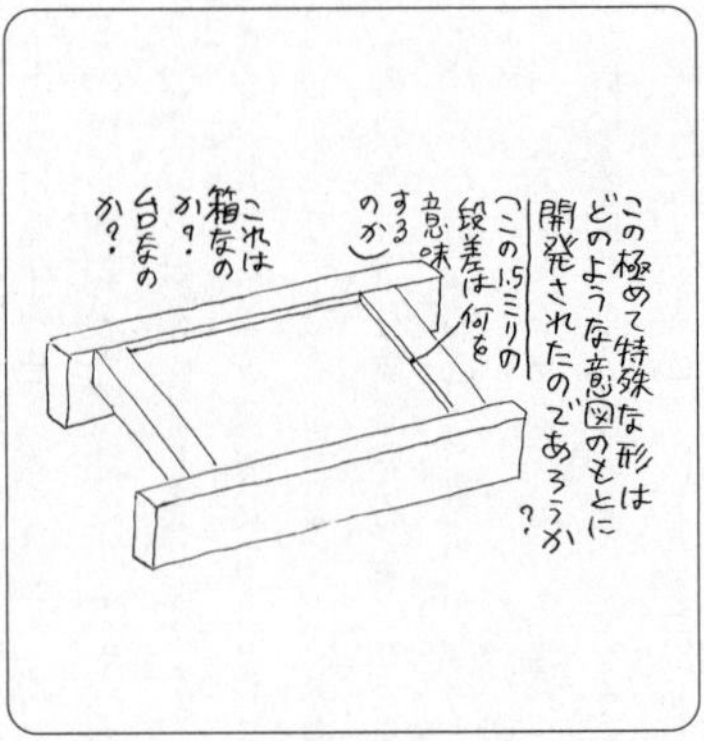
この極めて特殊な形はどのような意図のもとに開発されたのであろうか？
（この1.5ミリの段差は何を意味するのか）
これは箱なのか？台なのか？

二一〇〇円というかなりの値段なのに売り切れたのだ。

他のイクラ丼やホタテ丼はいずれも一八〇〇円台なのに売り切れになっていない。

店の中は満員で（おばさんばっか）、店の入口のところでは「売り切れ」の紙の前で、その紙を指さしながらなぜ売り切れなのかを店の人に問いただしているらしい数人の人がおり（おばさんばっか）、このウニ丼に対する人気、熱気を感じさせるものがあった。

おばさんたちは多分、あのチラシのウニ丼の写真の迫力に圧倒されて駆けつけてきたに違いない。

多分、全員があのウニ丼の粒数を数えたに違いない。

突然ヘンなことを持ち出すようだが、日本人の、「一回に食するウニの平均総量」はどのぐらいなのだろう。

せいぜい小サジにやや山盛りで四杯から五杯、というあたりではないだろうか。

どのおばさんも、そのあたりが生涯記録となっているのではないだろうか。

それなのに、写真で見るかのウニ丼のウニは少なくとも七、八杯はあるように見えた。

おばさんたちは生涯記録を更新しにやってきたのだ。

ああ、それなのに……。

おばさんたちも困ったがぼくも困った。

全身ウニまみれのこの体をどうすればよいのだ。

「そうだ！」

そのときひらめくものがあった。

地下の食品売り場ではウニを売っているはず、そのウニを買って帰って、自分でウニ丼を作って食べる。

そうだ、それ以外にこの全身ウニまみれの体を癒やす方法はない。

もともとウニ丼はゴハンの上にウニをのせただけのもので、技術も技巧もなしで作れる。

その日、京王デパートの地下食品売り場のウニも売り切れであった。同じようなことを考えたおばさんたちによって買い占められたのだろうか。

結局、すぐ近くの小田急デパートでウニを手にすることができたのだが、おばさんたちの炯眼《けいがん》は適中していたようだ。

タテ五・二センチ、ヨコ八・七センチの、例のウニ専用特製木箱に盛り込まれたというか、薄く並べられたというか、見るからにウニ丼の丼の表面をおおいつくすのは無理というか、そういう総量のウニのお値段が一八〇〇円。

おおいつくすには二箱必要で、そうなると三六〇〇円。

そうなのです、かのウニ丼はそれぐらいの価値があったということなのです。

（『アンパンの丸かじり』所収）

汁かけ飯、やってますか

いまどき汁かけ飯《めし》を敢行する人はいるのだろうか。

どうなんだろ。

汁かけ飯というのは、ごはんに味噌汁をかけたものを言い、ぶっかけ飯、などと物騒な言い方をする人もいる。

ぼくが子供のころは、全国的な規模で汁かけ飯は流行《はや》っていた。

と同時に、汁かけ飯は全国的な規模で禁止されており、したがってこれを食べるのは、命懸けとまでは言わないまでも、親の目をかいくぐって行わなければならないゆえに、どうしても〝敢行〟という雰囲気にならざるをえなかった。

なぜ汁かけ飯は禁止だったのか。

理由はちゃんとあって、ごはんを「丸飲みするから胃腸によくない」「汁かけ飯を食

汁かけ飯の理想の食べ方
ズルズル
ミーンミンミン
蝉の声

べると滑って転ぶ」「試験に落ちる」などあったが、要するに食べ方が汚い、下品である、当時犬猫に与えていた食べ物そのものである、といったあたりが真相らしかった。

胃腸によくないのなら、お茶漬けはどうなるのだ。

こっちのほうは丸きりお咎めはなかったのだ。

全国的に禁止にもかかわらず子供たちが命懸けで敢行するのは、汁かけ飯にそれだけの魅力があったからである。

夏、学校から帰ってきてカバンを放り投げ、これから草野球だ、という午後三時。

おなかが激しくすいていて台所に駆け込むと、お櫃《ひつ》の中に朝のごはんの残りがあり、鍋のフタを開けてみると味噌汁の残りがある。

他には何もない。

ごはんを茶わんによそい、味噌汁をおたまですくって上からじゃぶじゃぶかけ、立ったままズルズルかっこむ。

冷えたごはん粒は味噌汁をしみこませず、冷えた味噌汁はごはんを溶解させない。

このときの汁かけ飯は、冷えたごはんがごはん粒として生き生きしており、冷たい味噌汁もまた味噌汁として生き生きしていて、二つの生き生きが生き生きと口の中を流れていくおいしさ。

ごはんは時に嚙んでよし、嚙まぬでもよし。

台所はじっとり暑く、家には誰もおらず、物音ひとつしない。

この〝立ったまま〟と〝静まりかえる台所〟が揃ってこそ汁かけ飯はおいしい。

汁かけ飯は日頃厳しく禁止されているから、いま犯行に及んでいるのだ、という快感も汁かけ飯をいっそうおいしくさせる。

ぶっかけ飯という乱暴な言い方は、このときの悪事を実行しているのだという荒《すさ》んだ気持ちが言わせているのかもしれない。

実行犯としての捨てばちな気持ち、が自暴をうながし、自棄を誘発し、その荒くれた

気持ちが、〝かける〟では収まらず、〝ぶっかけ〟ずにはいられなくなるのだ。

〝ぶっ〟というのは、強意・強勢を表す接頭語で、ぶっ飛ばす、とか、ぶっ殺す、などの乱暴狼藉系の言葉であるから、汁かけ飯を作るときも、当然こうした荒々しい気分にならなければならない。

もちろん少年の日のぼくも、こうした気分で汁かけ飯を荒々しく作るのだった。

ごはんをよそった茶わんの上からおたまに入った味噌汁をぶっかけ、あたりに飛沫が飛び散るのを当然のこととして考えていた。

さっきから汁かけ飯を、世間から受け入れられていない食べ物のように書いているが、料理界の権威がこれを認めていることを知る人は少ない。

懐石料理の泰斗、「辻留」二代目の辻嘉一氏は汁かけ飯について、

「糒《ほしい》に湯をかけて食べた武士の食事に始まって今に続き、一連の丼物も汁かけ飯と考えられる」

という趣旨の発言をしているという。

ぼくもときどき汁かけ飯を敢行するのだが、味噌汁の具はむしろ無いほうがよく、じゃがいもや豆腐はかえって邪魔になる。

とろろ昆布あたりがちょうどよく、海の香りとそのぬめりが汁かけ飯にぴったり合う。

一番合うのがしじみ汁、あさり汁で、特にあさり汁の汁かけ飯は「深川丼」として深川の名物となっている。

ぼくがあれこれ試してみたなかで、異色中の異色ともいえる汁かけ飯がひとつある。

異色であると同時に美味、そして傑作（自称）。

ぜひ一度でいいから試してみてください。

スーパーのそば・うどんコーナーに行くと、生めんなどといっしょに「乾燥かき揚げ」が袋に入って売られている。

かき揚げとはいっても大部分が小麦粉で、干しエビと紅生姜がちょっぴり入っている。

この乾燥かき揚げを熱いごはんの上にのせ、その上から熱い味噌汁をたっぷり注ぐ。

たっぷりのためには茶わんではなく丼がいい。

乾燥かき揚げがほとびるのを待ってズルズルとかっこむ。

かき揚げはふつう天つゆなのに味噌汁。

かき揚げとしても、味噌汁を浴びるのはかき揚げ史上初のはずで、本人もびっくりするだろうが食べるほうもびっくり。

かき揚げのコロモと醬油系の蕎麦つゆの相性の良さは誰もが知るところだが、どうしてどうして、味噌汁ともまた相性が良いことをこのとき知る。

味噌汁をたっぷり吸いこんでトロトロになったコロモがごはんにからみつき、そこのところに味噌汁が割って入った三位一体をスルスルと一気にかっこむ。

本物のかき揚げ以上においしいところが味噌。

（『アンパンの丸かじり』所収）

バター醤油かけごはん讃

食べものについてあーだ、こーだを言うおやじは嫌われる。

まして〝バター醤油かけごはん〟についてあーだ、こーだ言うおやじはもっと嫌われる。

わかってます。

だけどバター醤油かけごはんについてあーだ、こーだ言いたい。

世間では、ラーメンライス、生卵かけごはん、バター醤油かけごはんを三大いいかげんめしとして馬鹿にしている。

三者には共通して貧乏の文字がほの見えるからである。

したがって、食べるほうも、この三者にいいかげんに対処する。

いいかげんに作っていいかげんに食べる。

バター醤油かけごはんに
何かおかずを食べると
したら何だろう?
明太子?
しらす干し?
タクアン?
などと
考えているうちに
アッというまに
一膳食べおえて
しまったおとーさん

「え？　わたしのバター醤油かけごはんですか。熱々のごはんを茶わんに盛ってその上にバターの塊をのせ、ぐるぐる掻き回しつつ溶かしていってそこに醤油をかけ、もう一度ぐるぐる掻き回して食べる。こんな感じですかね」

などと言う人は、大滝秀治さんに大声で叱ってもらいましょう。

「つまらん。おまえの作り方はつまらんっ」

この作り方ではバター醤油かけごはんの本当のおいしさは味わえない。

ただのバターめしになってし

まう。

バターめしとバター醤油かけごはんはどう違うのか。

西荻の巨匠ならどう作るのか。

まず熱々のゴハンを用意する。

それを茶わんに盛る。

ここまでは、さっき大滝さんに大声で叱られた人と同じだ。

熱々というのはこのごはんの必須条件で、熱々のごはんがなければ作らないぐらいの覚悟をしてほしい。

バターはたっぷし。

ちょっぴりとたっぷしではまるでおいしさが違う。

どのぐらいたっぷしかというと、ごはん一膳に少なくとも十五グラム。

ホテルの朝食に出てくる包装されているバターだったら約三個分。

これをごはんの上にのせる人が多いが、この人も大滝さんに大声で叱ってもらいましょう。

ごはんのまん中に垂直の穴を掘ります。

ただしこの穴は、茶わんの底まで到達してはならない。底直前寸止め。

この穴にバターを落としこむ。

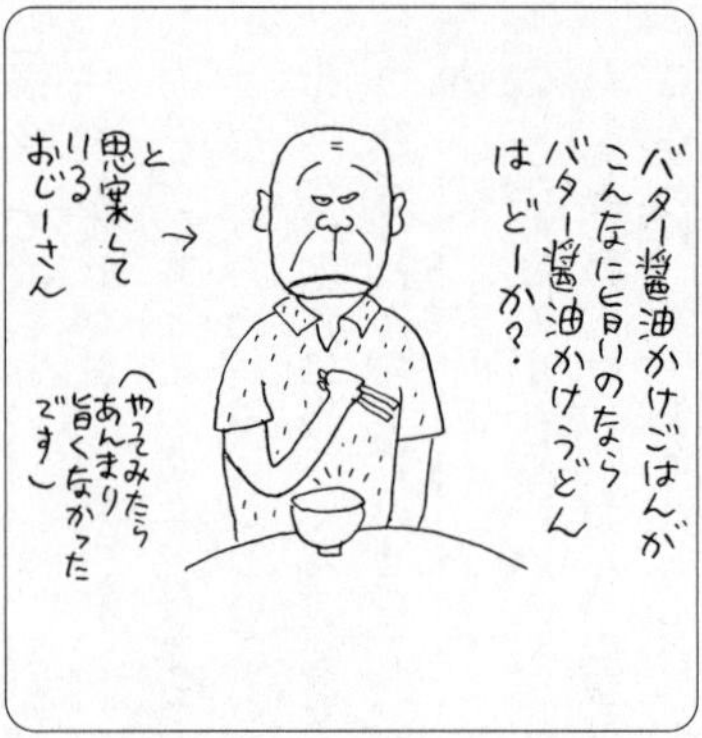
バター醤油かけごはんが
こんなに旨いのなら
バター醤油かけうどん
はどーか？
と思案しているおじーさん →
（やってみたらあんまり旨くなかったです）

落としこんだらごはんでフタをする。そうして五十秒待つ。

つまり穴の中でバターがじわじわと溶けていき、穴周辺にしみこみ、穴の底に少しずつたまっていくわけです。

五十秒経過。フタを開けてみます。

おお、穴の中はごはんがバターでぐずぐず。ごはんがバターにまみれてぴかぴか。ぬるぬる。底のほうのごはんはたまったバターでゆるゆる。うーむ、これはまさにバターの井戸、いや、この湯気の上がりぐあいからいけばバター温泉。

立ちのぼるバターの香り。

バターを、フライパンなどの鉄の熱で溶かしたときの匂いとは違うのどかな香り。牧草の匂い。牧場の匂い。

だけどどこかに獣の脂肪を感じる匂い。たぶんこの匂いは、ごはんが呼び起こした匂いなのだと思う。

農耕と牧畜がめぐり会った匂いなのだと思う。

そこんとこへお醤油をたらたら。

ここで実にまたいい匂いが立ちのぼってくるわけです。

生《き》のバターと、生の醤油が出会って、そこに熱が加わった匂い。

蒸れたごはんの匂いもおずおずと参加して、料理めいたことは一つもしてないのに、茶わんの中はいままさに調理が行われているような雰囲気。

そうしてここが大切なところなのですが、さっきお醤油をたらたらしましたね。そのたらたらのとこだけを箸ですくって食べる。

食べたらまたたらたら。たらたらのとこだけ食べる。

つまり〝その都度食い〟というわけです。

最初にバターとごはんと醤油をいっぺんに掻き回してしまうと、この匂いがどんどん失われていく。

その点こっちは、なにしろ井戸の穴の中の作業なので、いつまでたってもバターが新鮮なのだ。

その都度食いだと、その都度バターまみれの一口、バター少なめの一口、お醤油濃いめの一口、味薄めの一口と、一口一口違う味を楽しむことができる。

そうやって、井戸の壁を少しずつ崩しては食べ、食べては崩していく。

こうして食べていくと、バターにまみれたごはんがこんなにもおいしいものだったのか、と、誰もが改めて思うはずだ。

そうして、バターとごはんの組み合わせだけだったら、と思い、それだったらこの食事は成立せず、ここにお醬油が加わってこそ、この美味は成立するのだ、と、改めて誰もが思うはずだ。

考えてみると、ぼくらの子供のころはバターは大変な贅沢品だった。

バターは高いので、マーガリンを、という時代だった。パンにバターをつけるにしても、ほんの少しのせ、それをうすーくうすーく全域にのばして食べたものだった。

テーブルの上に、ごはんとバターが同時にのるということもなかった。

それなのにいま、こうして、ごはんの上にバターをのせて食べている。

人に隠れてこそこそ食べている。

貧乏系の食事だ、などと言われながら食べている。

あ、そうそう、このバター醬油かけごはんを食べ終わったあと、ただの醬油かけごはんを一口食べてみてください。これがまたさっぱりとして妙に旨い。

まさにデザート。

（『ホットドッグの丸かじり』所収）

揚げ物大好き

ガンバレ！　メンチカツ

いつも行く近所のお肉屋さんで、トンカツとハムカツとメンチカツとコロッケを買ってきた。

それぞれ一個ずつ。

今夜のビールはフライ物でいく、そういう方針が決まったからだ。

大きめの皿に、全員を上からタテに並べてみる。

上からトンカツ、ハムカツ、メンチカツ、コロッケの順。

はからずも偉さの順になったが、ハムカツとメンチカツのところで少し迷った。

ハムカツとメンチカツとどちらが偉いか。

世間的には、たぶん、ハムカツよりメンチカツのほうが上だと思う。

だが、ぼくの場合はちょっとエコヒイキが入っていて、ハムカツのほうに好意を寄せ

メンチカツに冷たい男
メンチカツなら当然だろッ
フン
全域お肉。びっしりお肉！

ている。

ハムカツは子供のころから好きで、幼なじみというか、竹馬《ちくば》の友というか、そういう関係にある。

それにハムカツは、コロモのところからハムがちょこっと顔をのぞかせたりしていて愛嬌がある。

お茶目というのかな、ほほえましいところがある。

そういうところがないんですね、メンチカツには。

ひたすら無表情。

ただ平べったく、ただ楕円形、これといった定型を持たず、ありふれていてポイントがない。

それにメンチカツにはコアがない。

トンカツにはヒレとかロースといった肉のコアがある。

ハムカツはハムという厳然としたコア。

コアを持たないものは悲しい。

コアを持っているものは強い。

心のよりどころがある。

そんなことを言うならコロッケはどうなんだ、コアがないじゃないか、という声が当然出てくると思うが、あれはあれでいいんです、あれはああいうものなんです、という世間の了解がある。

コアのないメンチカツを構成しているものは何か。

挽き肉です。

ほとんど全域が挽き肉。

合い挽きという肉の集合体。

肉の寄り合い所帯。

集まるべき必然性のない雑多なものの寄り集まり。

と、寄り合い所帯のことを広辞苑はこう解説しているのだが、メンチカツのことをそこまで言っていいのか。

ところどころお肉なのに
こーんなにお肉が！
コロッケ

「集まるべき必然性のない」とまで言い募っていいのか。

言い募られたメンチカツの立場を思うと胸が痛む。

メンチカツは全体が地味づくりで、そのことで損ばかりしている。

コロッケよりも立場が弱い。

たとえばコロッケは全体がほとんど芋だ。

ほんのところどころに挽き肉が入っている。

食べるほうは、食べていても全体の中に含まれている挽き肉の量ばかり気にしていて、ちょっとでも多めに入っているとそれだけで大喜びになる。

良いコロッケだ、おいしいコロッケだ、作った人も良い人だ、ということになる。

いいですか、ここでよく落ちついて次のことを考えてくださいよ。

メンチカツは、全域がコロッケのときに大喜びをしたあの挽き肉で作られている。

全域すみずみまで挽き肉。

ふつうだったら、もうそれだけで歓喜、随喜、狂喜、号泣という手順になるはずなのだが、誰一人としてそういう手順を踏む人はいない。

「メンチカツだから当然だろ」

ということになる。

おかしいと思う。不公平だと思う。

メンチカツ一個をほぐしたら何十個分のコロッケが作れると思ってんのかッ。

つい義憤にかられてしまったが、よく「この食べ物には

レモン10個分のビタミンCが含まれています」という表示を見かけるが、「このメンチカツには、コロッケ20個分の挽き肉が含まれています」という表示をすべきではないのか。

メンチカツはメンチカツなりに、地味な努力、真面目な精進《しょうじん》を常に怠《おこた》っていないのに、そのことがいっこうに報われない。

メンチカツを一口嚙み取ってその切断面を見たことがありますか。

コロモとコロモの間に、ヒシと寄り集まって団結している無名の肉たち。

メンチカツは無名の肉たちの結束がおいしい。

コロモで囲まれ、油で揚げられたことによっていよいよ団結を深めた雑肉たちのミッ

シリ感がおいしい。

ハンバーグと比べてみるとそのことがよくわかる。

見よ、彼らの挽き肉の団結のなさ。見よ、彼らのゆるゆる。ともすれば、とかく離散を試みようとする煮込みハンバーグの連中。

彼らにメンチカツの挽き肉の団結心を見習ってほしい。

確かにメンチカツは見かけが地味だ。全体に華がない。

見た目もしょぼい。

だが彼らには彼らなりの意地がある。

面子《メンツ》もある。

彼らの意地と面子は、その大きさにあらわれていることに人々は気づかない。

メンチカツはコロッケより大きい。

メンチカツは挽き肉を手でこねて作るわけだから、その大きさはどうとでもなる。

でも誰もがコロッケより大きく作る。

メンチカツの面子を思っての大きさなのだ。

メンチカツは面子カツがなまったものだという噂もある。


（『メンチカツの丸かじり』所収）

ハムカツ再会

西荻窪の町をフラフラ歩いていたら、ハムカツを売っているお肉屋さんがあった。

ショーケースの中の、トンカツ、コロッケ、メンチなどの文字に混じって、悪びれず、堂々と「ハムカツ」の文字。

ハムカツ……。いまは知らない人のほうが多いんだろなあ。うんと薄ーく切ったハムにコロモをつけてフライにしたものだが、これがウマい。

ほんとーにウマい。

もう、だーい好き。

ハムカツはフライ物の中では身分がいちばん低い。

現に、この西荻窪の店でも、コロッケが一一〇円なのにハムカツは六〇円。

コロッケより身分が低い。

ハムカツはこのォ
この薄いところがいい！
薄くなきゃいかん
薄いの大好き
ハムカツの薄さに共鳴する薄井さんであった

だけどぼくは昔からずーっと、フライ物の王さま、フライ物のキング、通称フラキンはハムカツだと思ってきた。

ぼくは、ハムカツをフラキンだと思っているのだが世間はそうは思っていない。なんとなく怪しい奴だと思っているようだ。

そう思われても仕方がない暗い過去をハムカツは背負っているのだ。

まず世間が指摘するのは身分詐称問題である。

ハムカツと称してはいるが、実は中身はソーセージなのだ。

もちろん本物のハムのハムカツもあるが、ソーセージのほうが圧倒的に多い。

いまはそうでもないが、昔はソーセージよりハムのほうがずっと値段が高かった。つまり高級品だった。

そこで、ハムカツの先祖が、つい見栄はって「ハムだ」って言ってしまったんですね。これが暗い過去の一つ目。

ハムカツは、カツだと言っているがカツではない。ハム（ソーセージ）にパン粉をまぶして揚げたものだから、正しい表現はハムフライのはずだ。

誰が見たってまぎれもないハムフライだ。

だから正直にハムフライと言えばよかったのに、ハムカツの先祖がつい見栄はって「カツだ」って言ってしまったんですね。

このようにハムカツは、身分詐称を強引に押し通して「ハム」「カツ」になりおおせて今日に至っている。

とはいうものの、ハムカツは中身がハムのものよりソーセージのもののほうが絶対にウマい。

西荻窪のその店のハムカツも、中身はソーセージだった。

あとで知ったのだが、この店のトンカツもコロッケも、その界隈では評判の店だったのだ。

そしてまた、いかにもハムカツが似合う店なのであった。最近は、

「ウチあたりになると、そういうものは扱ってません」

という感じのお店も多いが、

「ウチあたりになると、そういうもの扱ってます」

といった感じの、いかにも〝フライ物にリキ入ってる〟店なのであった。

「ハムカツ二枚」

とたのんで包みを受けとると、何と包みが温かい。

　転げるように走って持って帰り、触ると温かい、ゴムパッチン留めのプラスチック容器をパッカシと開け、温かいハムカツを手でつかんで取り出す。

　何もつけずにパックシ。

　そうそう、これこれ。これが正解。ソーセージが持っている塩気で食べるのがハムカツの正しい食べ方なのだ。

　コロモがサクッ。その中のソーセージがサクッ。どこを食べてもサクッ。

　薄い全域が均質にサクッ。

ハムカツはゴハンよりビールッ
と断言する女社長田中サンであった

この〝薄い全域均質サク感〟がハムカツの味わいだ。

本来ならば〝サクサク感〟と書くところだがハムカツはあまりに薄い。

ソーセージの厚さ二ミリと言いたいところだが実際は二ミリもない。

コロモの厚さもソーセージの厚さと同じだから、全部を合計した厚さが六ミリ弱。だからサクサクではなく、サクで嚙み切れてしまう。

このあっけなさがウマい。全域同じ厚さがウマい。

トンカツやコロッケのように、ある部分は厚く、ある部分は薄いということがない。

そんなことが魅力になるのかとお思いになるかもしれないがなるんですね。全域、均質サク感がウマい。

そんなものが魅力になるのかと言うかもしれないがなるんですね。全域、均質同じ味がウマい。

そんなことがウマさに通じるのかと言いたいでしょうが通じるんですね。

〝安心の味〟というんでしょうか。

〝安心の口ざわり〟というんでしょうか。〝安心しきって食べていくおいしさ〟というものもあることをハムカツは教えてくれる。

ハムカツには〝本体の存在感がきわめて乏しいおいしさ〟もある。

上の歯と下の歯で薄いハムカツを嚙んでいくと、本体がきわめて薄いために歯はなかなか本体に到達しない。

ハムカツ初体験の人だったら、

「そうか、このものはコロモだけのフライなんだ。自分としてはそれでもいい。自分はもともとコロモ大好きだし、コロモだけのフライってのもわるくないし」

と、中身を諦めかけたころ、ほんの一ミリのソーセージの味がする。

しかもそのソーセージは、いつものソーセージではなく、コロモにくるまれて熱いラードの中をくぐり、その熱とラードの味をしみこませたソーセージなのだ。

ソーセージが、ラードと熱とコロモの影響を受けるとこんなにもウマくなるものなのか、と思いつつサクッ、しかしどうしてみんなこんなウマいものを食べなくなったのか、と思いつつサクッ。あっという間に二枚ペロリでした。

（『猫めしの丸かじり』所収）

カツサンドの法悦

「サンジェルマン」とか「アンデルセン」といったたぐいのパン屋さんで、パンやサンドイッチを買うのは楽しい。

まず店の入り口でトレイを取り、これを左手に持ち、右手でトングを取る。これをハサミのようにパクパクさせながら、

「さあ、そのへんにあるもの、なんでもはさんでやるぞ」

と獲物を求めて歩き始める。

まずカレーパンをはさみ、ウインナパンをはさみ、エート、次はどれをはさんでやろうか、と周りを見回しながら歩いていく。

海底や川底を行くカニの心境も、きっとこのようなものであるにちがいない。パン屋を行くカニ男……。

そうやって獲物をトレイに並べながら、サンドイッチのコーナーにたどりつく。色とりどりの切り口を見せて、様々なサンドイッチのパックが並んでいる。

ここでぼくはいつも少し迷うのだが、あのサンドイッチのプラスチックのパックも、やはりトングではさんで取るべきなのだろうか。あるいは手づかみでいいのだろうか。

一度、トングでカツサンドのパックをはさみ、重さのあまり取り落としたことがあって、それ以来手で取っているのだが、そのときいつも一抹の気おくれを感じる。

そうやって、サンドイッチのコーナーで何か一品取りあげ、最後にレジのところに並ぶ。

並んでいるときのトレイに、カツサンドが載っているときと、他のサンドイッチが載っているときとでは表情がちがう。カツサンドが載っているときは、顔に満面の笑みがあふれており、載ってないときは一抹の寂しさがただよっている。

カツサンドが入った袋をさげているときの帰路の速度は速いが、入ってないときはノロノロしている。帰路、本屋に寄ったりする。

が、カツサンドのときは、〝猫まっしぐら〟の猫のように、〝おじさんまっしぐら〟になる。

そうして、家につくやいなや、カツサンドまっしぐらになる。

プラスチックの容器の中で、カツとパンの切断面を見せながら、一列に並んでいるカツサンドたちの何と好もしいこと。たのもしいこと。

サンドイッチというものは、もともと小腹の足し、というか、軽食に属するものだがカツサンドはちがう。堂々の一食だ。

他のサンドイッチは、卵の白や黄色や、サラダ菜の緑や、トマトの赤など、彩り華やかだがカツサンドはちがう。

堂々の茶一色だ。

そしてまた、切り口の魅力にあふれている。他のサンドイッチは、パンとパンの間に具が〝見えかくれ〟するが、カツサンドはちがう。堂々の露出だ。あるいは開帳と言ってもいい。

そこに自信にあふれた積極性を感じる。見ろ、という姿勢を感じる。

一見、パンとパンの間にトンカツがはさまっているように見えるが、そう見るのはカツサンドの素人だ。

プロのカツサンド鑑定士はそうは見ない。パン→コロモ→豚肉→コロモ→パンというふうに分解して見る。材料の一つ一つを層として見るのだ。

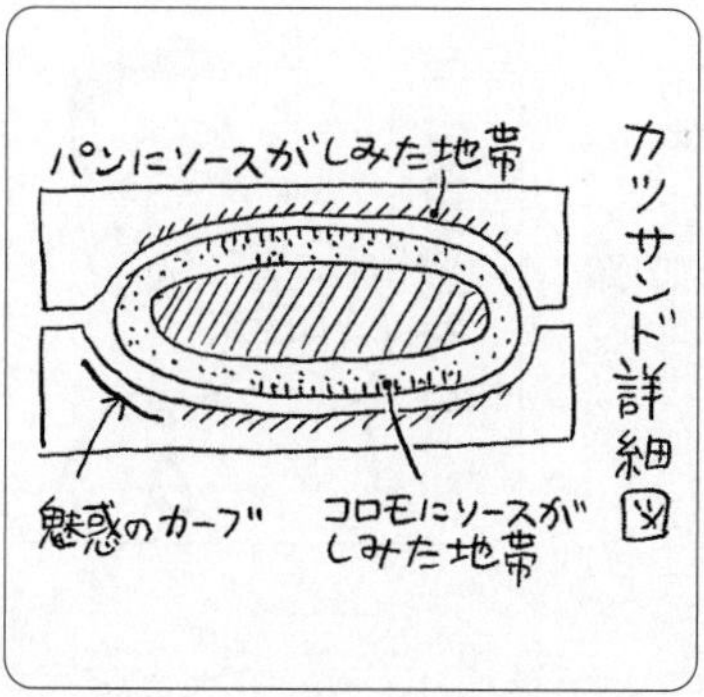
カツサンド詳細図
パンにソースがしみた地帯
魅惑のカーブ
コロモにソースがしみた地帯

熟練の鑑定士は、コロモの部分をさらに、ソースのしみた部分のコロモ→しみてない部分のコロモ、に分解する。容器に五個入っているカツサンドは、五個のカツサンドとみなさず、幾重にも重なった層のつらなりとして見たほうがいい。

そうしてみて、初めて肉の切断面の美しさに気づく。ふだんの食生活の中で、こんなにもしみじみと肉の切り口を見る機会はまずない。カツサンドのと

きに限って、初めて〝肉の切断面はこんなにも魅力に満ちたものであったのか〟と気づく。

わずか一センチほどの厚さの肉ではあるが、その一センチの厚さを、上から通過していく刃物の刃先の時間の経過さえ感じられる。カツを取り囲むパンのほうはどうか。肉厚のカツに押しつぶされて薄くなった部分が、カツの先端のほうに移行していくに従って少しずつ厚くなっていく。ここのところの、パンとカツが織りなすカーブが、いつもぼくの心を躍らせる。

ああ、一刻も早く、ここのところにかじりつきたい。かじりとって、口の中をパンとバターとコロモとコロモにしみた油とコロモにしみたソースとパンにしみたソースの味にまみれさせたい。

アグとかじりつき、さらに歯先に力を込めれば、ミシミシと歯先は肉に食い込んでいく。ミシミシ、ミリミリと肉は切断されていき、肉の中央でキッパリと切断される。この瞬間がいい。「取れた」と思う。

取れたあとはひたすらのアグアグ。

ソースのしみたトンカツだけを食べたのではこうはおいしくない。

ソースのしみたパンだけを食べたのではこうもおいしくはならない。

両者があいまって、口中いっぱいのカツサンドの味になる。

パンとコロモとコロモの油とソースと豚肉の法悦となる。

この法悦の最中に、ときどきでいいから、キャベツのショリショリ、またはレタスのショリショリが加わってくれれば、もはや何も言うことはない。

店によっては、カツサンドにキャベツやレタスを入れないところもあるが、ぜひ入れて欲しい。入れて〝油まみれの中のショリショリの清涼〟を味わわせて欲しい。

それからもう一つ。パンは必ずトーストして欲しい。

たとえ時間が経過して冷めてしまっても、トーストした〝実績〟は必ず味として残る。


（『ダンゴの丸かじり』所収）

カキフライはじまる

十月に入って、町のトンカツ屋の店先に、

「カキフライはじめました」

の紙が貼られると、カキフライ好きは、待ってましたとばかりに、いそいそとトンカツ屋のノレンをくぐることになる。

カキフライは、冷やし中華と共に、世に名高い「はじめましたもの」の双璧《そうへき》である。

冷やし中華のほうは、「はじめました」と言われても、それほどいそいそしないが、カキフライのほうはどうしてもいそいそしてしまう。〝いそいそ度〟という点では、カキフライのほうがはるかに高いということになる。

そういうわけで、カキフライ好きのぼくは、行きつけのトンカツ屋のノレンをいそいそとくぐった。

　ややあって、出てきました。茶色く揚がったカキフライが、湯気をあげて。ポテトサラダと刻みキャベツを従えて。

　まだ出始めのせいか、小ぶりのカキフライが六個、皿の上に小さな俵のようにころがっている。

　懐かしいなあ、カキフライ。

　しばらくお目にかからなかったなあ、カキフライ。

　皿の上のタルタルソースをよくまぶして、まず一個。

　うん、コロモがさくさくして、突然、ぷっくりしたカキの感触になって、うん、そう、このほのかなミルクっぽい海の甘みと、それからかすかな苦みは、ホラ、あれだ、はらわたのちょっと黒いとこ。それからまた、とろりとした甘みをふくんだ貝の味になって、最後にカキ独特の渋みになりかかったところに、タルタルソースのマヨネーズっぽい味が参入してきて、うん、このような大団円になる。

（カキの味というのは、実はカキのはらわたの味なのだなあ）

と、久しぶりのカキの味を堪能していて、急にハッと気がついて愕然《がくぜん》となった。

残りのカキフライが五個しかない。

しかも小ぶりの奴が五個だ。

もともとカキフライ定食というものは、おかずが不足しがちなものなのだ。

カキフライは、ごはんのおかずとしては力不足のところがある。

トンカツ定食のトンカツは、ごはんのおかずとしては、あれでなかなか実力がある。はがしたコロモだけで、一口分のごはんをまかなうことができるが、カキフライのコロモははがすことができない。

無理にはがせばはがれるが、皿の上はかなりの惨状を呈することになる。

それから急にあわてて、タルタルソース、トンカツソース、ケチャップソース、とソース陣を総動員し、カキフライが見えないくらいにまぶして、ようやく難を避けることができた。

カキフライ定食を食べるときは、いつもこのことで悩んでばかりいる。カキフライには、十分過ぎるほどのソースをビタビタかけないとおかずが足りなくなるし、あんまりビタビタにすると、お店の人にわるいような気がするし、周囲の客の視線も気になる。

だからぼくはいつも、周辺のスキを窺《うかが》ってはソースをかけ、またスキを窺ってはかける、という方法をとっているが、この方法だとなかなか気が疲れる。

トンカツ屋ではカキフライだが、レストランでは生ガキということになる。

お皿に六個ほどのカキが殻《から》つきで出てくる。

ぼくはカキの殻を見ていつも思うのだが、あの殻は、カキ本体に対してあまりに立派すぎるのではないだろうか。

カキの身そのものは、殻に比べたらまことに貧弱なものである。

特にこの数年、カキの身のほうの体格は劣ってきているように思う。

薄く平べったく、だらりとして水っぽい。昔のカキは、もっと立体感があった上に、味にもコクがあった。

身は貧弱になったが、殻のほうは昔のままだ。

だいたいカキは、立派な殻をつくりすぎるのではないか。

他の貝類をみても、カキほどの立派な殻をつくる例は見当たらない。

シジミ、ホタテ、ハマグリ、アサリ、マテ貝、赤貝、いずれもカキより簡単な殻ですましている。

貝類にとって、殻は家である。

そういう意味から言えば、カキの家は、身分不相応なほどの豪邸である。

カキの殻をこじあけてみるとわかるが、カキは、この豪邸の中で実に窮屈に暮らしている。

上下の肉厚の殻の間の、ほんのわずかなすき間に、寝そべるように暮らしていて起きあがることさえできない。

せっかくの立派な家なのだから、広くゆったりした空間をとり、ゆとりのある生活をすればいいのに、見ていてため息の出るような暮らしぶりだ。

カキは、収入（エサ）の大半を、住宅（殻）に回しているらしい。

食費をけずっても住宅のほうに回す、というのがカキの生き方のようだ。

一度、誰か、カキのエンゲル係数を調査してみる必要がある。

そうして、適切な指示を与えてやったほうがいい。

収入に見合った食費、住宅費、教育費（教育費はいらないか）、というものを算出してやったほうがいい。

カキとしては「頑丈を旨とした住宅を目指したら、ああした豪邸になってしまった」と言うかもしれないが、カキの環境は昔とは大分変わっているのだ。

昔は岩にへばりついて、荒波と外敵に立ち向かっていたかもしれないが、いまは養殖の柵《さく》の中だ。

糸にぶらさがって、ただゆらゆら揺れていれば人生を過ごせるのだ。

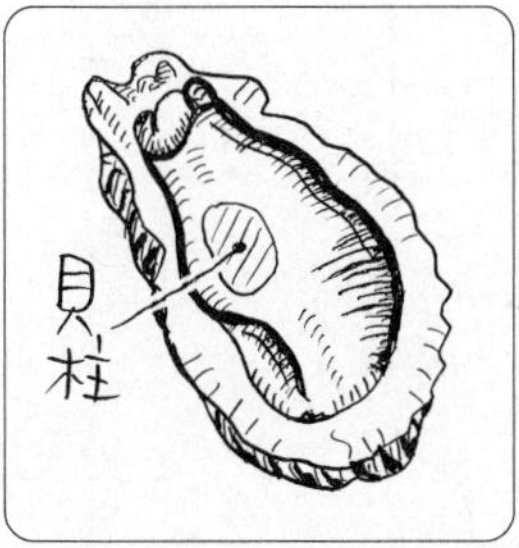

カキの、この思い過ごしを、ぼくは何とかして改めさせてやりたいと思う。

カキが出始めたので、荻窪のタウンセブンの地下の魚屋に、殻つきのカキを買いに出かけて行った。ここでは、殻つきのカキが一箱一九〇〇円である。

一箱にはカキが二十九個入っていた。

一個六五円である。

この値段は毎年それほど変わらない。

レストランなどでは、このカキを皿に六個ほど並べて一五〇〇円以上とる。手間といえば、ただ殻をむいただけだ。

生ガキを注文すると、レストランのおやじが、はれがましいような、申しわけないような顔をして持ってくるが、それはこういう理由があるからなのだ。

それはそうとして、二十九個入りの箱はズシリと重く、持って帰るのに、しばしば手を持ち換えるほどだった。

ぼくはこの二十九個の殻に何の用もない。中身に用があるだけだ。

カキの、住宅重視の生き方が、このように人に迷惑をかけるものだということを、ぜひカキに知ってもらいたいと思う。

（『ワニの丸かじり』所収）

フライ物の正しい生きかた

フライ物は何となく軽んじられているが、フライ物を好む人は多い。多いからこそ、今も昔も、連綿として肉屋の店頭にはフライ物が並んでいる。

一般的にフライ物というのは、コロッケ、メンチカツ、ハムカツ、串カツ、アジフライ、カキフライ、イカフライあたりをいい、トンカツとなると、別格という感じになる。

フライ物には違いないが、もはやそういっては失礼、というような風格さえある。フライ物から身を起こして、今や錚々《そうそう》たる一派として成り上がり、

「コロッケなんかと一緒にしてもらっちゃ困るよ」

という態度がありありと窺える。

肉屋なんかでは、いずれも同じ鍋で揚げられており、〝出身〟は同じなのだが、店頭に並べられるときは明らかに扱いが違う。

大きなバットなどに、一緒に並べられるときは、ちゃんと偉い順に並べられる。偉い順に右から、居流れる、という感じで並んでいる。

フライ一族で一番偉いのは、これはもうトンカツで、異論の出る余地はない。

昔はエビフライなんてのも結構偉かったが、今は昔日の面影はない。

問題は二番目である。

一般的にはメンチカツであるが、店によってはハムカツが二番目に並んでいるところもある。

メンチカツとハムカツとどっちが偉いか、という問題は非常にむずかしい。

ハムカツというのは、名称はハムカツだが、実際はソーセージ、という店が多い。これは非難していってるのではなく、ハムよりソーセージのほうがはるかにおいしいのである。ソーセージは、油を吸わせて熱を加えると一段とおいしくなる。これにコロモがついてトンカツソースが加わると一層おいしくなる。

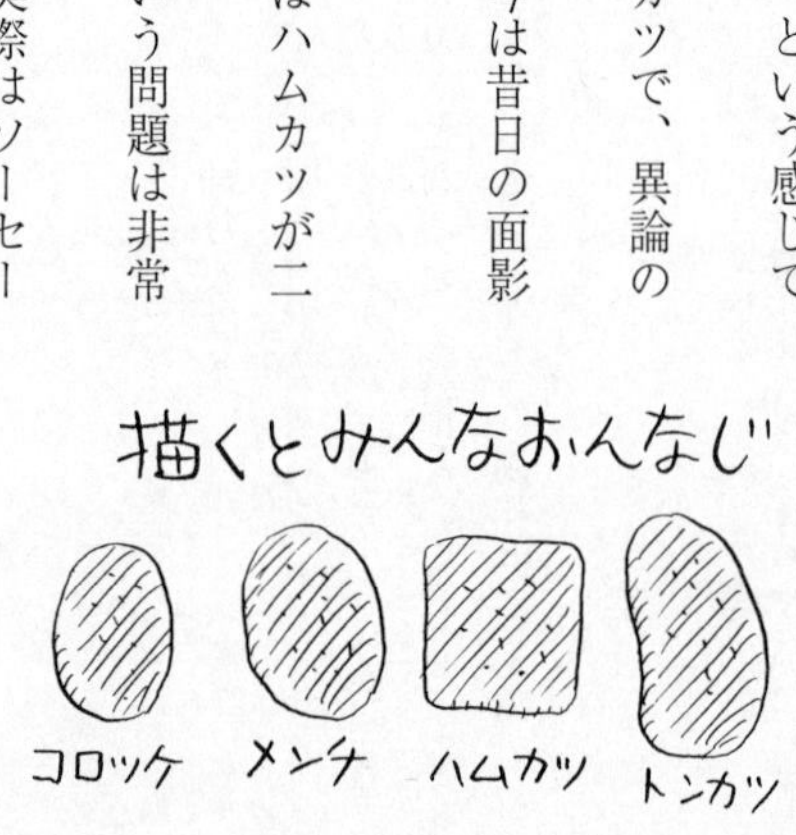

ハムカツは、何となく、まがい物という見方をされている。

本来なら、豚肉であるべきところに、予算の関係でハムなんかで間に合わせて、ヤーイ、ヤーイ、といったような認識のされ方をしているが、ハムカツもおいしい店のは本当においしい。

メンチに少なくともヒケをとらないおいしいハムカツもある。

コロモの
トゲトゲが
上アゴに
痛い
ぐらい
のメンチカツが
おいしい！

挽き肉と違ったハム（ソーセージ）独特の香りがあり、全体が堅く引き締まって、これはこれでなかなかおいしいものである。

二位に推すに値する力は十分ある。

しかし、カツの正統を肉とするならば、純血という意味では明らかにハムカツはメンチに負ける。

メンチは、挽き肉ではあるが、ハムに比べれば肉としての純血度は高い。

フライ物の一位はすんなり決まったが、二位はこのようにむずかしい。

そしてここに、さらに串カツが加わると、事態は一層混乱の度を増してくる。

串カツがどのぐらい偉いか、という評価の仕方は非常にむずかしい。

〝肉の純血〟ということからいえば、ハムカツより確かに上だが、〝玉ネギの力を借りている〟というところに串カツの弱みがある。そこのところを突かれると串カツは一言もない。

〝串で維持されている〟というところも、できることなら触れてほしくない点である。異端視されてもやむをえない形態といえる。

肉屋さんも、そのへんのところをキチンと考えているらしく、店によって二位、三位は、メンチとハムで入れかわるが、串カツは四位ということになるようだ。

そして、五位にコロッケがくる。

アジ、イカ、カキなどのフライ物は、特に順位の差はなく、同列六位という扱いを受けている。

串カツは、ゴハンのおかずという意味では後塵を拝するのもやむをえないが、相手がビールということになると、俄然話は変わってくる。

突然、トンカツさえ抜いて、一位に浮上してくるのである。

ビールにトンカツ、ビールにメンチカツ、ビールにハムカツ、コロッケ、いずれもイマイチの感があるが、ビールに串カツとなると、間然するところがない。

汗をかいた大ジョッキの傍らに、刻みキャベツ、カラシを従えた串カツの皿、というのは絵にさえなる。

カリカリ、アツアツに揚がった串カツに、カラシたっぷり、トンカツソースたっぷり、アグ、と、ひとかじりすれば前歯に熱さジンとしみわたり、コロモはがれてまず玉ネギ。玉ネギとコロモとソースとカラシで口の中は油まみれ、そこんところにつめたく冷えたビールをドドーと流しこめば、歯にも舌にも歯ぐきにも、チリチリとビールの泡がゆきわたり、油を洗い流し、口の中を大騒ぎさせたのち、ノドの奥のほうに落下していく。

これがコロッケだとこうはいかない。

なんとなく物さみしい。

口の中が大騒ぎにならない。

同じ油まみれでも、まみれ方が違う。

ネッチャリとまみれて、ビールを注ぎこんでも洗い流せないような気がする。

ところが世の中よくしたもので、コロッケはビールが相手ではダメだが、ゴハンということになると生彩を放ってくる。

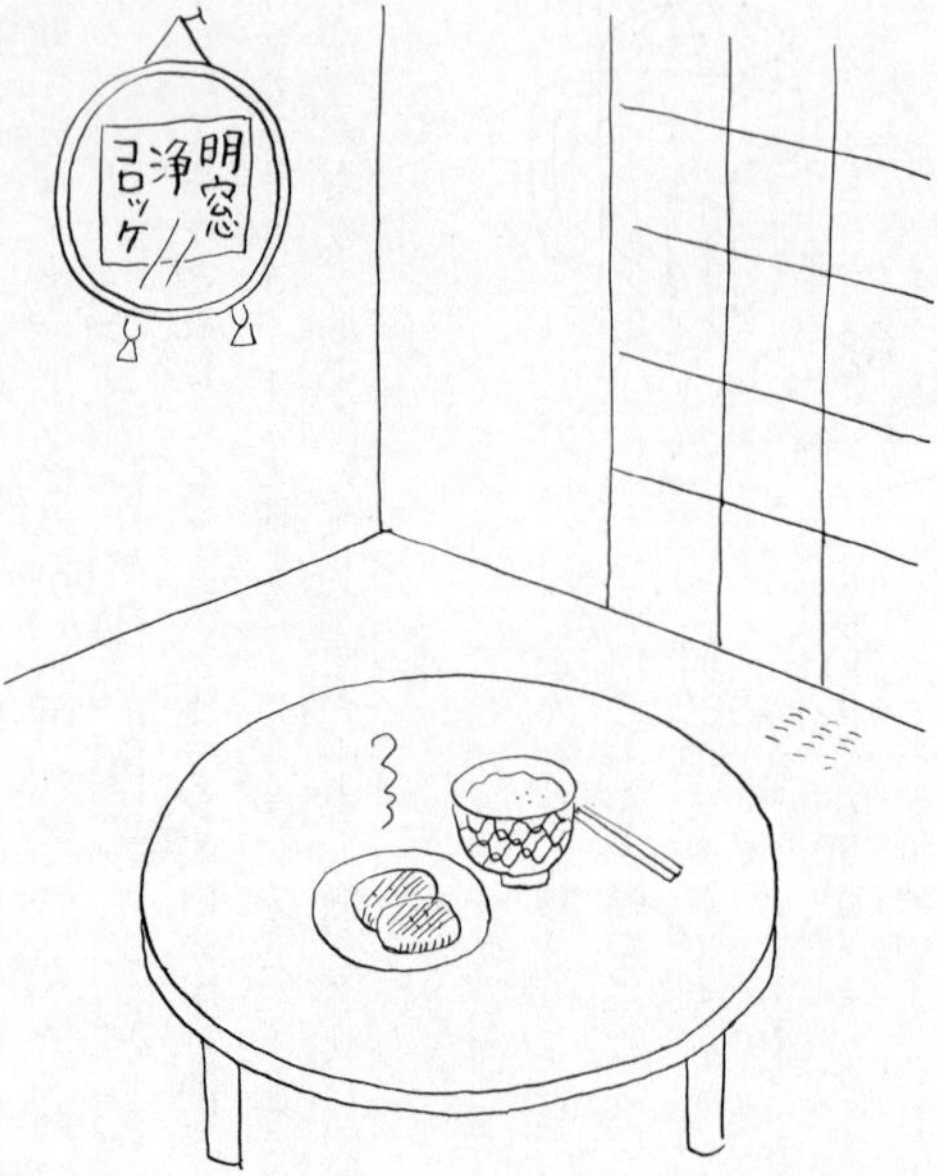

そして串カツは、ゴハンの前では悄然としてしまう。

もともとフライ一族は、犬や猫が人間を頼って生きてきたように、ゴハンを頼って生計をたててきたのである。

だからゴハンに合う、ということのほうがフライの正しい生き方なのである。

しかし、ここへきて、縁故を頼ってパン関係に進出する傾向も見うけられる。

メンチ、ハムカツなどは、パンにもなじんできているようだ。

そうした中で、ゴハンひ

と筋、ゴハンに操をたてているのがコロッケである。

むろん、パン関係に身を売ったコロッケ仲間もいることはいる。

しかしコロッケだけは、パンにはあまりなじまない。

やはりゴハンあってのコロッケなのである。

コロッケは、他の一族に比べて一番地味な存在である。風貌、性格、容姿、いずれにも派手さはなく、万事ひかえめ、ひっそりしている。

その地味さかげん、陰影のある面ざし、生活感のあるたたずまい、いずれをとってもゴハンの正妻という感じがする。それもただの正妻ではなく、〝糟糠《そうこう》の妻〟なのである。

ゴハンと長く連れ添い、互いの裏も表も知りつくした仲といえる。

ゴハンとコロッケ、これほど貧しく、これほど哀切で、これほど清々しい取り合わせが他にあるだろうか。

だからゴハンは、貧相な妻ではあるがこれを見捨てるようなことがあってはならぬ。

トンカツを愛人にしたり、たとえコロッケに先立たれても、メンチやハムカツを後妻に迎えるようなことをしてはならぬ。


（『タコの丸かじり』所収）

単品おしながき

ウニ、こわいよう

ウニは人の心に動揺を与える。

誰かが発した「ウニ」という声にも動揺するし、すし屋で隣の人がウニの軍艦巻きを食べているのを見ても動揺するし、まして自分がこれからウニを食べようか、食べまいか、という問題に直面しているときは動揺を通りこして心臓が激動する。

これは医者仲間でよく言われていることだが、横になって心電図をとっている人に向かって「ウニ」と言うと、心電図が大きくはね上がるばかりか本人が飛び上がるという。

どうも体によくないなウニは。

ウニ自体はとてもおいしい。

もしかしたら、海で獲れるものの中で一番おいしいのではないか。

こんなことを書くと、

とってくれた寿司
ウニがない!!
ウニがあるかないかでその家の歓待度がわかる
実はウニより高い大トロだった!

「キミキミ。キャビアを忘れてはいかんよ、キャビアを」

と言い出す人が必ずいるが、こういう奴は大抵やな奴だから無視しましょう。

ウニはお醤油で食べることになっているが、そのまま食べても充分おいしい、というか、お醤油をつけるよりおいしい。

どう言ったらいいんだろう、いきなり甘いんですよね、で、いきなり舌になじむ、で、いきなりおいしい。とにかく、いきなり。

ねっとりしているから舌とウニの間にすき間がない。

舌の味蕾《みらい》と味蕾の間の凹凸の

すみずみにまで、いきなりウニが行きわたるから、噛んでいるうちにおいしくなる、とか、だんだん甘味が増してくる、とか、そういうことにはならない。

でもって、そのねっとり具合が舌にぴったりなじむ。

ゆる過ぎず、ねばり過ぎず、まるで料理人が、「このぐらいのゆるさがちょうどいいんです」と言って練りあげたものを差し出したような絶妙のぬめりかげん。

味つけがまたすばらしい。

もうほんとに料理人が工夫に工夫を重ねて作りあげたような味かげん。

これ以上凝ってはいけないし、これ以下でもいけないというぎりぎりのところに調味されている。

ウニは味に関しては人がまったく関与していない。

海から引きあげて口に入れるといきなりこうなっている。

海から獲れる大抵のものは、海から引きあげたあとお醤油や塩をかけるとか、あれこれ調理するものだが、ウニは何もしないでこの美味。

と、ウニはいいことずくめなのに、冒頭に書いたように、ウニの何が体によくないのか。

ウニの何が人の心に動揺を与えるのか。

値段です。

テレビのお店紹介などの番組では、すし職人がウニの軍艦巻きを作っている場面がときどき映し出される。シャリのまわりを海苔で巻いて軍艦を作り、いよいよその上にウニを盛る段階になる。

すし職人がさじでウニをひとすくいして軍艦の上にのせる。

テレビを見ていた人が、「オー、これで出来上がり」と思ったそのとき、職人がウニをもうひとすくいしてその上にのせる。

このとき人々は激しく感動する。

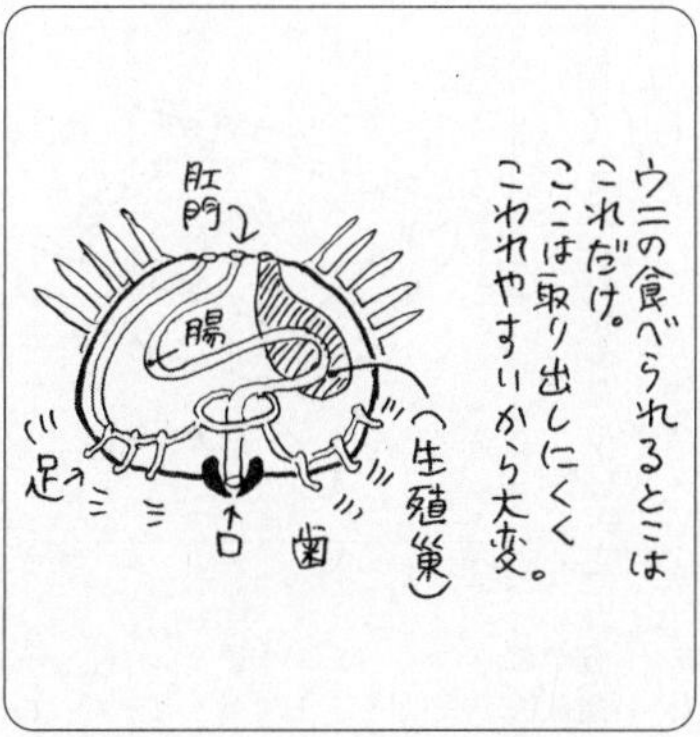
ウニの食べられるとこは
これだけ。
ここは取り出しにくく
こわれやすいから大変。
(生殖巣)
肛門
腸
歯
口
足

テレビを見ていた日本中の人々が感動する。ひとすくいのウニが、日本列島を震撼させたのだ。

「一杯のかけそば」が日本中を感動させたように、「一さじのウニ」が日本中を感動の渦に巻きこんだのだ。

みんなの頭がウニになったのだ。

日本中の日本人を感動させたものは何なのか。

一さじ余分のウニ、すなわち全部で二さじのウニだったのです。

さあ、ここで考えてみましょう。

日本人で、二さじ以上のウニをいっぺんに口に入れた人はいるのだろうか。

たとえば三さじをいっぺんに口に。あるいは五さじをいっぺんに口に。

さっきと同様のテレビ番組で、

「ウチはウニを箱でドーンと出します。ドーンと」

という安いのがうりの店が紹介され、本当にウニが箱ごと客の前に出されるのだが、ドーンと言うわりには小さめの箱で、それはとにかくとても安い値段で箱ごとのウニが自分の前に置かれたとしますね。

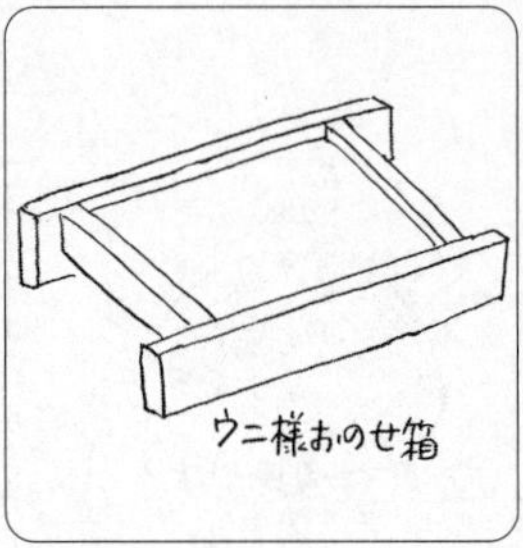

そのとき、五さじいっぺんに口に入れることのできる人は日本にいるでしょうか。

もういっぺん書きますけど、五さじ分のウニをいっぺんに口に、ですよ。

ぼくですか？　ぼくはできません。

その箱もののウニを、たとえ誰かがおごってくれたとしても、その箱のウニをいざ目の前にしたら、いっぺんに五回すくい取るなんてことはこわくてできません。

いつも思うのだが、あの〝ウニの呪縛力〟というのはいったい何なんでしょうね。

なんだか値段だけではないようですよ。

〝整然〟というのもあるのかな。

箱の中に一粒一粒、各一部分微妙に重なり合わせ、微妙にずらしてきれいに美しく並べられている。

その整然を崩したくない、このままにしておきたい、そういう気持ちもあるのかな。

でも、なぜこんなに手間ひまかけて整然と並べるか、わかってるだろうな、プラスチックの皿でもいいのに、わざわざ専用の木の箱を作って使っているのはなぜか、わかってるだろうな、という問題に帰してしまう。

でも、もしですよ、五口分のウニをいっぺんに口の中に入れたらどういうことになるのか、どういう味になるのか、想像しただけでもこわいよう。


（『ホルモン焼きの丸かじり』所収）

ミリン干し応援団

食べものと自分との間で、ときどき不思議なことが起こる。

デパ地下やスーパーなどで、いつも目にしているのに特に心を動かされることはなかったものが、あるとき急にクローズアップされてくる。

そういうことがときどきある。

最近ではミリン干しがそうだった。

ミリン干しは大抵のデパ地下やスーパーの棚に、少数ではあるがいつも並んでいる。いつも目に入っている。が、いつも気にとめることはなかった。

のに、あるとき急に、

「そういえばミリン干し！」

と、ミリン干しが生き生きとぼくに訴えかけてきたのである。

居酒屋のメニューに
ミリン干しはまずありませんなー
※門前仲町の「魚三酒場」にはあります

理由はわからぬ。

その日の心のありようとか、数日前にあった出来事の影響とか、その日の気圧配置とか、そういったものが関係していたのかもしれない。

そういえばミリン干し！

よくよく見ればミリン干し！

懐かしーなーミリン干し！

あるじゃないかミリン干し！

（ずーっとあったのッ）

こうなっては買うよりほかはない。

アジのミリン干しとサンマのミリン干しを買った。

アジのほうは身長七センチほどの小さなものが九尾でタタミ

イワシ状に一枚となっており、これが一パックに三枚入っていて四八〇円。一尾約一八円。

いまどきこんなに安いものがほかにあるだろうか。

サンマのほうは二尾ワンパックで三五〇円。

とりあえずアジのほうを金網にのせてガスコンロの火をつける。

火をつけて二秒ほどで、あー、懐かしいこの匂い、ミリンと醬油と干物が焦げるこの匂い、ふりかけてあるゴマの匂い、思い出すなーこの匂い。

ぼくが子供のころ、わが家の食卓にはしょっちゅうミリン干しが載った。

ミリン干しの匂いは意外に強烈であった。ミリン干しの匂いが部屋中にこもった。

この匂いの中で、子供のころの思い出がいっぺんに甦《よみがえ》った。

匂いは思い出を喚起するといわれている。

プルースト君はマドレーヌだが、サダオ君はミリン干しであった。

いまは〝甘いおかず〟ははやらないが、昔は甘いおかずがいくつかあった。

ミリン干しのほかに、でんぶ、のしイカを細長く薄く切ってアメのようなもので味つけした佃煮（やはりネバネバしている）、それからウグイス豆。

こういう甘いおかずでメシを食っていた時代が、一時期日本にあったのである。

思えばあのころがミリン干しの全盛時代であった。

ミリン干しの匂いは蠅《はえ》の思い出を喚起するのであった。

なぜかミリン干しには蠅がたかるのであった。

やはり強烈な匂いのせいかもしれない。

当時は蠅と人間が共存している時代だった。

蠅は五月蠅いと書いてうるさいと読むように、やたらに食べものにたかってうるさく、わずらわしく、衛生的にも問題のある奴だったが、どことなく憎めないところがあった。

一茶の、

最近ソフトミリン干しとかいって甘みをおさえた薄味のものが出回っているが
うまくなりッ!

　やれ打つな蠅が手をすり足をする

という俳句は、蠅との共存を呼びかけるポスターの標語としても立派に通用する。

いま考えると、懐かしい奴だったな、いまならペットとして一、二匹飼ってもいいな、なんて考える。

ミリン干しはアッというまに焼きあがる。

かじってみると、まずミリンの甘さが歯と舌にくる。うん、相当甘いな、そして相当硬いな、おおっ、なかなか食いちぎれないぞ、うん、こうし

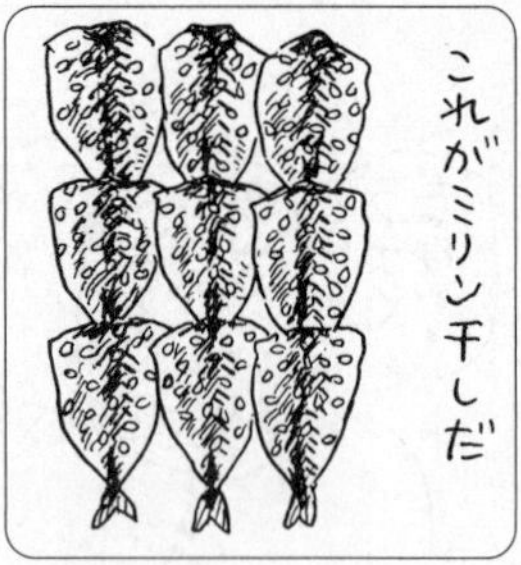

て口の中に入ると、醬油の味とミリンの甘さが混じりあって、だけど甘さのほうがずっと強くて、その強い甘さが少しも嫌でなく、いまどきやはりこういう濃い味のおかずもなかなかわるくないな、と思う。

風貌も荒々しいが味つけも荒っぽい。そこが頼もしい。

おかずという範疇《はんちゅう》から少し離れ、駄菓子系にちょっと接近した下手《げて》すれすれのおかず。

堂々と、荒々しくゴハンに立ち向かうおかず。

おかず界を見回すと、いまはどれもこれも軟弱なおかずばかりで、こういう強い個性を持ったおかずはめったにお目にかかれない。

びっしりと、様々に網羅《もうら》されたおかず群の中に、〝甘くて濃い〟というスキマを見つけ、そのスキマにもぐりこんだスキマおかず。

全盛時代を誇ったミリン干しも、いまはスキマおかずとしてかろうじてその地位を保っているのだ。

その地位に、持ち前のネバリでしがみついて離れないミリン干しであるが、その前途は明るいとはいえない。

いまのところミリン干しはゴハンだけが頼りである。

ビールにミリン干し？
吟醸酒にミリン干し？
ワインにミリン干し？
サンドイッチにミリン干し？
どうも状況は甘くないようだ。
やはりゴハンにすがるよりほかはなさそうだ。
ミリン干しゴハンというのはどうか。
ミリン干しを料理包丁で細かく切り刻んで熱いゴハンに混ぜこむ。
とりあえずそんなところで頑張ってみてくれんか、ミリン干し君。

（『ホットドッグの丸かじり』所収）

カマボコの厚さから

老舗の蕎麦屋に入り、蕎麦を食べる前にお酒を一本飲もうと思った。
そこでお酒を一本たのみ、その肴としてカマボコをたのんだ。
徳利一本といっしょにやってきたカマボコを見て、
「なんだか貧弱だなあ」
と思った。
老舗の蕎麦屋のカマボコは、とても貫禄があるものなのだ。
なんだカマボコか、などと、スーパーのカマボコを思い出してバカにしてはいけない。
蕎麦屋のカマボコは、そういうものとは別の世界なのだ。
昔から仕来りと美風をうけついだ〝伝統美の世界〟なのだ。
堂々としていて、貫禄があって、きのうきょうの蕎麦屋の客にガタガタ言わせない威

厳があるものなのだ。

それなのに、なぜその蕎麦屋のカマボコを「貧弱だ」と感じたのか。

長方形の、蕎麦屋独得のまっ白な皿の上に、厚さ七ミリぐらいのカマボコが五枚、三枚と二枚に分かれて、少しナナメにずらすという伝統美に輝きながら並べられている。

それなのに彼らは貧弱なのであった。

なぜか。

それはカマボコの薄さにあった。

七ミリという厚さは微妙だ。

五ミリに切られたカマボコは

明らかに薄い。ヘナヘナ感も強い。

「ケチられた」という思いも強い。

八ミリだと「まあ、妥当だな」と、みんなが納得し、九ミリだと「おっ、厚いな」という感じがあり、一センチだと「この店はなかなかやるじゃないか」ということになり、五センチだと「いい加減にしろ」と怒り出すことになる。

カマボコの厚さは約八ミリ。

これが万人を納得させるカマボコの厚さだ。

この厚さは、蕎麦屋に限らず、どこでどんなふうな形で出てきても変わらないと思う。

カマボコの厚さは、実にミリ単位の世界なのであった。

では、なぜ八ミリを妥当だと思ったのか。なぜ七ミリだと貧弱だと思ったのであろうか。

それはね、キミ、簡単なことじゃないか、一口で嚙み切れる適当な厚さというものがあるのだよ、それと歯ざわりとか、カマボコの持つ弾力を味わうための厚さとか、つまり物理的な理由で厚さは決まってくるものなんだよ、という人もいるかもしれない。

そうかな。

それだったら七ミリでも九ミリでもそんなに変わりはないと思う。七ミリを「貧弱」と思い、九ミリを「おっ、厚いな」と思い、一センチを「おっ、この店なかなかやるじゃないか」と思った思考の中には、物理的な問題は一つも入っていないではないか。

五ミリのカマボコで「ケチられた」と思った人の思考の中に、歯ざわりの問題は入っているか？

弾力の問題は入っているか？

ここにおいてわれわれは、食べ物の厚さというものは決して物理的な事由によるものではないということを知った。

社会学的な事由、店主がケチかどうかという事由、自分が損をしたか得をしたかという事由、はたまた店主側にしてみれば、自分がケチだと思われたくないという事由、経済としての原価計算、そういったものがグチャグチャに入り混じって食べ物の厚さは決まってくるのだということを知った。

チャーシューの厚さについてはわたしは一家言あります
たとえばこの…

そうなってくると、様々な食べ物の厚さは実に興味深い世界になってくる。

マグロの刺し身の厚さ。

ヨーカン、カステラの厚さ。

鮭の切り身の厚さ。

ブリの切り身の厚さ。

太巻きの寿司の厚さ。

ステーキの厚さ。

ローストビーフの厚さ。

それぞれの厚さは、何センチなら万人を納得させられうるのか。

来客があったときのヨーカンの切り方は、何センチなら納得してもらえるのか。

ローストビーフを出すとき、何センチならケチと思われないのか。

何センチならケチと思われるか。

それぞれにはっきりとした確定値があるはずなのだ。

切って食べる食べ物には、それぞれが万人を納得させる一定の厚さが必ずあるということをわれわれはいま学んだ。それぞれの確定値は今後の研究を待つよりほかはないが、そういうものがあるということをわれわれはきょう知った。

では、パンはどうか。

食パンの厚さは、物理的な意味においても、社会学的な意味においても、何センチが万人を納得させうる厚さなのか。

そんなことといったって、スーパーなんかにある食パンはすでに切ってあるじゃないの、というかもしれない。

たしかに切ってある。

薄切りで一センチ五ミリ。

厚切りで三センチ。

ここには実に一センチ五ミリもの差があるのだ。

こうなってくると、さっきの「切って食べる食べ物には、それぞれが万人を納得させる一定の厚さが必ずある」というショージの法則はどうなるのか。ここにおいて、出来あがったばかりのこの法則は、突如くずれさることになった。

ウーム、こうしてはどうだろう。

「切って食べる食べ物には、それぞれが万人を納得させる一定の厚さがあるがそれは人それぞれである」

ウーム、しかしわたくしは、一センチ五ミリのトーストパンも好きだが三センチの厚切りのフカフカしたトーストパンも大好きだ。

ウーム……。

（『タヌキの丸かじり』所収）

ノンキャリ水餃子

〝煮ても焼いても食えない奴〟

という表現がある。

どうにも手に負えない奴、扱い切れない奴、という意味で、好感は持たれていない。

〝煮ても焼いても食える奴〟

という表現はない。

表現はないがモデルはある。

餃子である。

餃子には焼いて食べる焼き餃子と、煮て食べる水餃子がある。

まさに煮ても焼いても食える奴なのだ。煮ても焼いても食えるうえに、さらに蒸しても揚げても食える。

蒸し餃子と揚げ餃子である。

〝蒸しても揚げても食える奴〟ということになれば、これ以上融通の利く奴はいないということになる。

餃子には、さらにおでん種としての、

〝その周辺を魚のすり身で包んで揚げても食える奴〟

というのもおり、融通界の巨匠と呼んでもいいくらいの、心の広い、懐の深い大物なのである。

ラーメン屋などに行って、

「ついでに餃子でも取るか」

などと〝ついで扱い〟をしている人は多いが、ここで大いに反省しなさい。

それほど心の広い餃子であるが、餃子当局として心を痛めている問題が一つある。焼き餃子は全国的に普及しているのに、水餃子のほうは少しも普及しない、というのが当局の頭痛の種なのである。

聞くところによると、餃子の本場中国では、餃子といえば水餃子のことで、焼き餃子は、水餃子が余ったときにあとで焼いて食べる程度だという。

冷や飯を炒飯にするような考え方らしい。

餃子当局というのは、もちろん全世界的な視野で餃子界のことを考えているわけだから、日本の偏った普及の仕方が歯がゆくてならないらしいのだ。

なぜ日本では水餃子が好まれないのか。なぜ日本では、餃子といえば、すぐ〝パリッと焼きあがったアツアツの皮〟という存在になってしまったのか。

餃子当局の一員であるぼくでさえ、餃子といえば、

「キツネ色に焼きあがった香ばしいカリカリの皮を、唇が触れないように少し尖《と》んがらせながらカリッと噛みしめるとき、餃子のヨロコビを感じるんだよね」

という発言を各所でしている。

カリカリの餃子の皮を思うとき　わが心すでに餃子店内にあり

と俵万智さんはうたわなかったが（うたったのはぼくだけど）、うたってもおかしく

ないほど、餃子の皮のカリカリは全国民的な認知を得ている。

雑誌などで餃子特集をやり、各店の餃子の写真が並んでいるとき、読者はどこを見ているかというと皮の焦げ目を見ている。

「あ、こういう焦げ目ね。この焦げ目、ぼくの好みじゃない」とか、「これこれ、この焦げ目、こういう焦げ目をあたし待ってたのよ」というふうに、読者は焦げ目ばかり見ている。

そのため焼き餃子は、本来見せるべきでない餃子の底（ケツ）をわざわざ上にして見せている。

「ワタシのケツはこんなふうに焦げてるんですよ」

と、これ見よがしに見せている。

水餃子や蒸し餃子は、本来の、ケツを下、ヒダを上にして盛りつけられる。

水餃子は作りたて、茹でたてで出てくるから皮の表面は濡れている。

もし雑誌で水餃子の特集を組み、各店の水餃子の写真が並んでいるとして、皮にジッと目をこらし、

スープにひたした
スープも飲むスープ
ギョウザというのもある

「この餃子の皮のこの濡れ具合ね、これぼくたまんない」

などという人はいるだろうか。

濡れ濡れの餃子の皮を思うとき　わが心すでに餃子
　店内にあり

と、俵万智さんじゃなかった、ぼくはうたうだろうか。

なぜ焼き餃子のほうが日本で歓迎されたかというと、

「日本人はもともと油を強く加熱した香りを好む傾向が
　あったから」

という説をとなえる人もいる。

天ぷらやフライの普及度を考えると大いにうなずける。

だが水餃子も食べてみるとおいしい。餃子という名前は同じだが、別の料理だと思って食べるととてもおいしい。渋谷区西原の「您好《ニイハオ》」で食べた水餃子はとてもおいしかった。

まずモッチリと茹だった皮がおいしい。

注文の都度のばす皮は、打ちたてのうどんそのもので、モチモチしてコシがある。

具を包んでいる部分は皮が薄くてシコシコしたうどんの味。

合わせ目のヒダのところは皮が厚くなっていて熱が通りにくい分だけスパゲティのア

ルデンテ状態。

少し芯があって噛みごたえがあり、ここの部分を主食として味わい、薄い皮と具の部分をおかずとして味わう。

口の中で主食とおかずを噛み分ける。噛み分けたのち合体させる。

アグアグと合体させているとき、うどんとスイトンとワンタンをいっしょに食べているような気分になり、だけど餃子だかんな、そこんとこ忘れてもらっては困るよ、と、豚肉のみじん切りとキャベツと白菜とニラがジンワリと念を押しにくる。

口に入れて唇の間を通ってくるときの、すべるようなツルリ感も水餃子ならではのものだ。

焼き餃子が〝甲虫類における外皮と内臓の関係〟なら、水餃子は〝哺乳類における皮膚と内臓の関係〟ということになろうか。

同じような境遇にいながら、途中から片や主流、片や傍流に分けられていく餃子たち。

片や陸路、片や水路、片やキャリア、片やノンキャリ、餃子界の生存競争もなかなかキビシイようだ。


（『ケーキの丸かじり』所収）

塩っぱいタラコ

スーパーに行くと、どのスーパーにも必ずタラココーナーがある。タラコ愛好家はまだまだたくさんいるのだ。メンタイコ愛好家が増えているとはいうものの、なかなかどうして、タラコファンも健闘しているのだ。

それにしても、タラコファンは、タラコを買って帰ってどういう食べ方をしているのだろうか。

まず考えられるのは、ゴハンといっしょに食べる食べ方である。あとは、タラコをほぐしてタラコスパゲティとか、エート、あとは何だろ。

納豆を使った料理の本とか、豆腐料理の本とかはたくさんあるが、不思議に〝タラコ料理〟の本は見たことがない。だからどういう料理法があるのかよくわからないのだ。

ゴハンで食べる場合、タラコ愛好家はタラコをどういうふうに料理して食べるのだろう

か。

「タラコはいっさい料理しません。トレイのパックをピリッと破いて、皿の上に静かに横たえるだけです」

という人が多いのではないだろうか。

ポッテリしたタラコを皿の上に横たえ、脇腹のあたりを箸でチョイチョイと突きくずしては熱いゴハンの上にのせて食べる。またチョイチョイと突きくずしてはゴハンといっしょに食べる。というようなことを友人に話したら、

「いえ、わたしは脇腹からはいきません。シッポのほうから

粛々といきます」

という答えが返ってきた。

タラコに脇腹やしっぽがあるのか、という問題はあとまわしにするとして、つまり、この友人も、タラコを買って帰ってから一切手を加えずに食べているということがわかった。

こういう買って帰って一切手を加えずに食べる魚類製品は非常に少ない。

刺し身だって、醬油をつける、という作業をする。

カマボコなら、まず切る。切ってから醬油をつける。

タラコに限っては何もしない。〝皿の上に静かに横たえる〟というぐらいの作業しかしない。横たえて、いきなり脇腹を攻める。

こういう製品を、食品流通業界では「いきなり食品」という専門用語で呼んでいるのだが(ウソです)、とにかく大抵の人はタラコを生で食べているようだ。

ところがですね、昔はですね、タラコは焼いて食べるものだったのですね。それに、昔のタラコは猛烈に塩《しょ》っぱかった。

猛烈に塩っぱいタラコを、裏表こんがり焼いて、ゴハンにのせて食べたり、お弁当の上にのせて持ってったり、お茶漬けにして食べたりしたものだった。

この猛烈に塩っぱいタラコのお茶漬けがウマかった。しみじみウマかった。

そのころは塩ジャケも口がひんまがりそうになるほど塩っぱかった。

当時、タラコと塩ジャケは、業界では「二大ひんまが食品」と呼んでいたのだった。

(ウソに決まってます)

だけど、塩ジャケもタラコも、猛烈に塩っぱいところがうまかったのだ。

昔の塩ジャケは、薄くて小さくて見た目は貧弱だったが、皮のあたりとか、腹皮のフチあたりには、白く塩が吹いていて、この〝塩吹き地帯〟がこたえられないぐらいウマかった。最近、梅干しも塩ジャケも、タラコも漬物も、みーんな塩分ひかえめとか称して塩っぱくなくなってしまった。

タラコ唇の
人は
自分で
タラコの味が
楽しめます

ついこのあいだ、中華料理店でザーサイを食べたら、徹底的に塩分が抜いてあってウマくもなんともなかった。昔のザーサイは〝ひんまが食品〟の親分のような存在で、ものすごーく塩っぱかったのだ。

塩分がカラダによくないというが、うんと塩っぱいものはほんのちょっとの量しか食べない。

昔のタラコなんか、箸の先にほんのちょっとつけてゴハンを一口食べたものだった。

「わたしなんか、タラコ二粒でゴハンを一口食べたものです」

という人もいる。（いません）

タラコを生で食べるようになった歴史は比較的新しい。

それはメンタイコの普及と共に始まったような気がする。

メンタイコが九州で発見されたのが、昭和二十四年だそうで、それが全国的に普及しはじめたのが、山陽新幹線の博多開通の昭和五十年あたりではないかといわれている。

生のタラコは、脇腹もしっぽも、全域同じ味である。

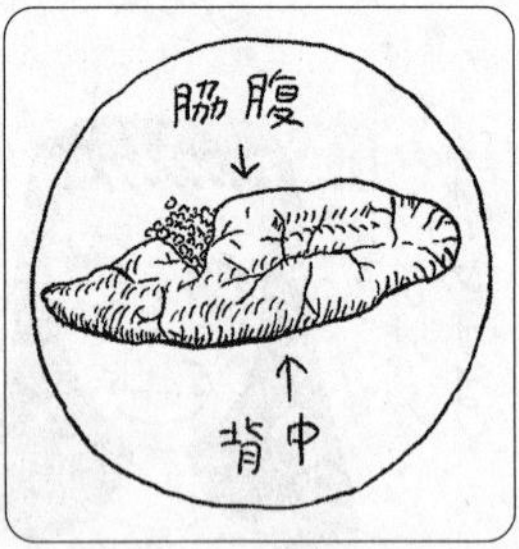

どこを食べても、少し湿って、少し塩っぱくて、少し生ぐさい魚卵の味だ。

ところがこれを焼いたとたん、各地域の味が変わる。

火の通り方の違いで味が変わる。

特に皮の味が変わって見ちがえるようにウマくなる。

特にうんと塩っぱいタラコほどウマくなる。うんと塩っぱいタラコを作るのは簡単で、買ってきた「甘塩タラコ」に塩をびっしり振ってラップで包んで三時間ほどおけばよい。五時間ほどおけば昔の〝ひんまがタラコ〟に近くなる。

この塩っぱいタラコの皮は、焼くと塩漬け魚卵特有の発酵臭のようなものが生まれる。うまく発酵したイカの塩からのようないい匂いがする。中身と違う味になるわけですね。

自分は中身と同じだと思っていた皮が、焼かれたことによって目覚めるわけです。自分は皮であったのだと。

生のタラコの皮ははがれないが、焼くとピリピリとはがれる。はがれた皮の内側に、まだよく焼けていない中身が少しくっついてきて、これをゴハンの上にのせて食べると、よく焼けた皮の味と、まだ生焼けのタラコの味がいっしょになって、なんともこたえられませんですよ。ハグハグ。お茶漬けもこたえられませんですよ。ハグハグ。

（『ダンゴの丸かじり』所収）

タコ焼き実践篇

タコ焼き屋のニイチャンが、タコ焼きをヒョイヒョイ引っくり返しているのを見ていると、誰だって自分でもやってみたくなる。

自分もあんなふうに、タコ焼きが焼けたら楽しいだろうな、と思う。え？　わたしは思わない？　あんなことやりたくない？　そういう人は、そういう人生を送りなさい。タコ焼きを一度も焼かない人生を送って死んでいきなさい。

タコ焼きを自分で焼くといろんな利点がある。まず、どこにもない自分流のおいしいタコ焼きを作ることができる。タコじゃなくてイカはどうか。ウインナソーセージはどうか。紅生姜の代わりにカリカリ梅干しを刻んだのはどうか。まてよ、ザーサイという手もあるぞ。うん、これはビールに合いそうだ。

辛いタコ焼きというのはどうか。たとえばタバスコをうまく使ったらどうか。これも

毎晩毎晩
タコ焼きで
楽しい楽しい
人生を送ってる
単身赴任のオトーサン

ビールに合いそうだ。ネギの代わりにニラはどうなのか。と、毎日毎日、変わったタコ焼きを焼いて食べることができる。

どうです、何とも楽しい人生ではありませんか。

ふつうのタコ焼き屋の生地は、小麦粉、卵、ダシ、山芋ぐらいしか入ってないが、鶏ガラスープで溶くというのはどうか。バター味というのはどうなのか。

なにしろ本職ではないのだから、儲けることを考えないでいい。材料にいくらでも金をかけることができる。いくら金をかけたところで、タコ焼きではそんなに金のかけようがない。

まずタコ焼き器を買ってきた。二千円。厚い鉄板でできたやつで、穴が九個あいている。小麦粉、タコ、揚げ玉、卵、ネギ、干しエビ、紅生姜、青のり、ソースを買ってきた。これは正統派のタコ焼き用だ。実験用として、ザーサイ、ニラ、イカ、ウインナ、梅干し、中華スープの素を買ってきた。

では、いきます。

ボールに小麦粉を入れ、カツオと昆布のダシと卵と塩を入れて溶く。水の量はいいかげんでよく、おたまですくってタラタラではなくポタポタと落ちる程度。生地はゆるくても、かためでも、結局はちゃんと焼けるが素人はかためが無難だ。

各材料をこまかく刻み、卓上コンロのまわりに並べておく。白状するが、最初は何回か失敗した。タコ焼きがグズグズにくずれてしまうのだ。あとでわかったことだが、これは、タコ焼き器が新品のせいだった。

新品のせいで鉄板と油がよくなじんでなかったせいで、油がなじんできてからは実にもう快調。

何回か焼いてみて、「素人がタコ焼きを焼くにあたっての大切な心構え五か条」というものができあがった。

(1) 自分は商売でタコ焼きを焼くわけではないということを肝に銘じること。すなわち、焼き始めると、どうしても本職の人の真似をしてスバヤイ手付きをしようとしてあわててしまうんですね。客が待ってるわけでもなく、いっぺんに大量に焼く必要があるわけでもないのだ。

(2)　少数精鋭主義でいく。五つ子、六つ子の面倒をみるのは大変だが、一人っ子なら十分手塩にかけて育てることができる。すなわち、最初は四個から五個まで。穴が九つあるからといって、いっぺんに九つ焼くのはムリだ。

(3)　生地はかため。

(4)　田んぼ主義はとらず、穴重視主義でいく。すなわち穴から生地をあふれさせない。あふれさせてあたり一面を田んぼにしてしまうと、あとでタコを入れるとき、穴がわからなくて大いにあわてる。本当にあわてる。

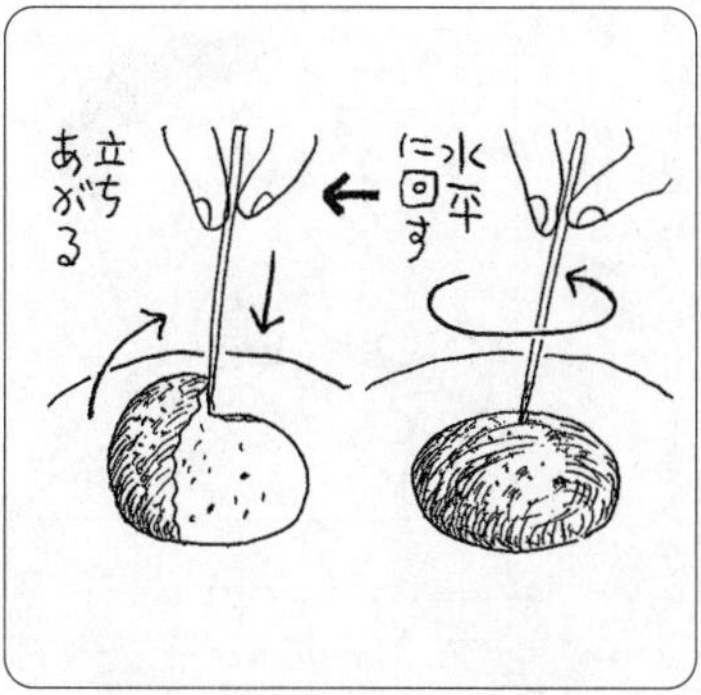

(5)　タコは小さく。一センチ角以内。

では、焼きます。

タコ焼き器をガス台にかけて点火。最初から弱火でゆっくり熱し、鉄板が少し熱くなったところで油をこすりつける。おたまで生地をすくって一穴ごとに流しこむ。量はフチまで。

次に、干しエビ（刻む）、ネギ、紅生姜（多め）、揚げ玉を一穴ごとに丁寧にハシなど使って入れていく。

一分経過。タコ投入。穴から一気に生地があふれ出る。

そのまま一分経過。ここで金串の先を穴のフチに刺し、水平に回してみる。回らなかったらまだ焼けていない。

水平に回ったら、そのまま穴のフチに沿って金串を底のほうに下げていくと、アラ不思議、半分だけ丸く焼けた生地が立ちあがってくる。その下側に、穴のまわりにあふれて散らかっていた具と生地を押し込む。この作業は金串よりハシのほうがやりやすい。

押し込んだら、立ちあがっていた半円のドームをフタをかぶせるようにかぶせる。このまま一分。
ここから先はもう楽しい楽しい〝クルクル〟があるだけ。回しなさい。楽しみなさい。笑いなさい。
クルクルは一分。つまり生地投入から計四分でタコ焼きは焼きあがる。表面をうんとカリカリにしたかったらもう一分。
言っときますけど、焼きあがったばかりのタコ焼きはものすごく熱い。具に何が入っていようと、いいタコを使おうと、熱くて熱くて何が何だかわからない。ほんのちょっと冷ましてから味わうと、いろんな味がわかってくる。

ソース、けずり節、青のりをかけて食べるばかりでなく、醬油もおいしい。タバスコもいいし粉チーズもいい。アンチョビソースはビールに合う。

マヨネーズはすでにいろんな店でやっているが、ほんのちょっと醬油を混ぜて、アタリメ風にするのもよい。

このところ、毎晩毎晩、いろんなタコ焼きを作ってこれをツマミにビールを飲み、楽しい楽しい人生を送っています。

（『ダンゴの丸かじり』所収）

海苔の一膳

今回は海苔《のり》の佃煮《つくだに》でいこうと思い、書き始めてはみたものの、なんだか急に心細くなってきた。

海苔の佃煮などという、あまりにも地味なテーマで、一回分の原稿が書けるものかどうか。

海苔の佃煮は、話としての発展性に乏しい。

海苔の佃煮は、熱いゴハンにのせて食べるととてもおいしい。

と書いて、あともう何も書くことがない。

海苔の佃煮について、このほかに何か書くことがあるだろうか。

弱った。

この連載原稿は、一回分が、四百字詰め原稿用紙で約六枚だ。ここから先、もう書く

ことがないので、では、さようなら、というわけにもいくまい。

やはり、海苔の佃煮で一回分の原稿は無理だったのだろうか。

しかし、もう締め切りまであまり時間がない。いまから別のテーマを考えて、それについて書くというのはとても無理だ。

あのう、こういうことってありませんか。

海苔の佃煮は、ビン詰めの小さな口に、ジカに箸を突っこんで食べてこそおいしい。

もしあれが、珍味入れのような小鉢に入れられて供されたらどうか。

同じビン詰め仲間のイカの塩

辛とか、コノワタなどは、小鉢に入れられてもイキイキとしている。魅力ある食べ物であることに変わりはない。

海苔の佃煮はどうか。

どうもなんだか、急に落ちぶれたように見え、急に魅力が色あせる。

やはり、あの小さな口に箸を突っこみ、あてずっぽうに海苔をさぐってつまみ取り、引っぱり出して箸の先を眺め、

「うん、とれた」

なんて思いながら、ゴハンの先に少量ペタペタなすりつけて食べてこそおいしい。

一回目で箸の先に収穫が少なかった場合は、もう一回箸を突っこみ、今度は多すぎ、もう一回やり直してつまみ出したりして食べてこそおいしい。

〔海苔の佃煮は、ビンの間口の小ささにおいしさがある〕

桃屋の「江戸むらさき」のビンの口の直径は三センチだ。

お箸というものは二本そろえると大体一センチの幅になる。余裕が二センチしかない間口の中で、箸をあやつる不自由さ。それを経験するからこそ、あとで海苔の味が生きてくる。

うん、ここまでで、すでに原稿用紙二枚半。

なんとかもちこたえてきたぞ。

海苔の佃煮でなんとかなるかもしれない。

海苔の佃煮は、ビンのままで食べてこそおいしい。そのビンも、間口が狭くなければおいしくない。

それが証拠に、たとえば、「宴会用お徳用袋一キロ入り」なんていうのがあるとしますね。

これを、ラーメン丼のような大鉢に山盛りに盛りあげて、宴会のテーブルにドンと出したらどうか。

おそらく誰も手を出さないにちがいない。誰も手を出さないので、これを桃屋の小ビンに一つずつ詰めて、一人一人に手渡すと、今度はみんな急にうつむいてビンをほじり始めるはずだ。

そういうものなんです、海苔の佃煮というものは。

……。

エート、あとなんかないかな。

……弱ったな。

あともう少しなんだけど、あとが出てこない。やはり海苔の佃煮を取りあげたのは間違いだったのだ

ろうか。

海苔の佃煮は、熱いゴハンにのせて食べるとおいしい。

あ、これは最初のほうで一回書きましたね。

でも、その食べ方なんですが、大抵の人は、一口分のゴハンの上にちょこっとのせて食べる。〝のせ食い〟ですね。

この食べ方以外の食べ方で食べたことありますか。

ないでしょう。

その①　ゴハン茶わんに半分ぐらいのゴハンを入れ、適量の海苔の佃煮を混ぜて、〝海苔つく混ぜゴハン〟にして食べる。

こうすると、海苔がジカに口の中に当たることがないため、海苔の味がとてもマイルドになって別の味になる。プーンと海苔の香りも立つ。

その②　一枚の干し海苔を、味つけ海苔大に切る。これに海苔の佃煮をうすく塗る。〝海苔ダブル〟というわけですね。これでゴハンを巻いて食べる。

醤油の代わりに海苔の佃煮を使うという、まことに贅沢なものだ。

口の中で、干し海苔の味と、海苔の佃煮の味がして、同じ海苔なのに、こうもはっきり味がちがうか、と思っているうちに、両者は渾然《こんぜん》一体となって熱いゴハンと混じり合う。うまかー。楽しかー。

さっきの〝海苔つく混ぜゴハン〟に海苔を巻いて食べるというテもある。これはこれで、また別の味になる。

……。

ゴールまであと十数メートルなのに、足がもつれて前へ進まない。

エート、やはり桃屋の製品で、「お父さんがんばって！」というのがありますね。すばらしいネーミングだと思う。海苔の佃煮というもののありようを的確に言い当てている。

しかし「お父さんがんばって！」があって、なぜ「おかあさんがんばって」がないのか。

海苔の佃煮一ビンの消費量は、長い目でみれば絶対におかあさんのほうが多いと思うのだが……。

と、おとうさんは、なんとかがんばってゴールにたどりつきました。ヤレヤレ。

（『スイカの丸かじり』所収）

くさやはおいしい

八丈島の知人からくさやが届いた。

大きなムロアジのくさやで、八丈島の名産アシタバもいっしょに箱に詰めてあった。

くさやもおいしかったが、このアシタバがまたおいしかった。

そのへんのスーパーなどで売っているアシタバは、セロリ風の筋ばった感じがあり、なんとなくパサパサしているが、このアシタバは柔らかくて筋がない。太い茎のところもしんなりと折れまがり、中心部のあたりにいくらかのヌメリがある。

少し湯がいてから油で炒めて食べたが、ほんのり苦くて、ほんのり甘くて、ほんの少しブキブキして実に旨《うま》かった。

そうか、これが本物のアシタバか、と思いながら、アッというまに食べてしまった。

さて本題のムロアジのくさや。

このくさやはカラカラに乾いているタイプではなく、幾分しめり気を帯びた生干し風で、焼いてむしるとしっとりとはがれる。

ムロアジのくさやは血合いが大きく、ここがまたうっとりするほど旨い。

くさやのおいしさは、好きな人にとっては悪魔的だが、嫌いな人は徹底的に嫌う。

こういう人はくさやの匂いに敏感で、百戸ぐらいのマンションでも、どこかの一室で焼いているとすぐわかるという。だからマンションによっては、管理規約の中に、「ペット飼育禁止」などと共に、「くさや禁止」をうたっているところもあるそうだ。（ウソです）

ほかの匂いは何とか我慢できるが、くさやの匂いだけはどうしても許せない、という人は多い。

だから、デパートなどでくさやを買って電車で帰るときは、十分気をつけなければならない。

くさやの匂いは申しひらきができない匂いである。

電車の中で「何だか臭いぞ」という騒ぎになり、犯人追及が始まり、ついに自白に追いこまれ、包みが開かれる。

それが例えばラッキョウなんかだと、「そうでしたか、ラッキョウでしたか」ということになって和やかにうちとけて解散となるが、くさやはそうはいかない。

くさやを
食べる
おじさんは
嫌われる！
くさやは歯に
はさまって
シーハシーハ
するから
よけい嫌われる

「なに？　くさや。くさやとあっちゃあ、このままにはできん。警察に行こう」

ということになる。

　実際に、くさやが原因の喧嘩はけっこうあるようで、築地の魚市場のすぐそばの海幸橋《かいこうばし》の交番では、くさやによる喧嘩（略してくさけんと言う）が、日に四件はあるという。（ウソです）

　世の中のどんな迫害にあっても、くさや好きはどうしてもくさやを食べたい。

　しかし焼けば必ず近隣に匂う。

　だから、「せめて匂いだ

けでも」と言って、枕元に置いて、匂いをかぎながら眠る人もいる。（ホントです。ぼくです）

実際に焼いて食べよう、ということになると、ひと騒ぎは覚悟しなければならない。まず保健所に届けを出し、妻子を里に帰し、近隣に回覧板を回す。

家を建てるときのように、「何月何日、新島産トビウオ、二十七センチ大、一匹、焼いて食べる予定」という立て札を立て、当日は、バルサンのときのように、「くさやガス火焼き中」の札を玄関のドアに貼り、空中にはアドバルーンおよび飛行船なども飛ばすぐらいの覚悟が必要だ。

そうして当日、家を取り囲んだ人々の、罵声、怒声を聞きながら、目貼りをして電気を消した部屋の中で、ロウソクの灯を頼りに背中を丸め、暗い目付きでくさやをかじる。

こうした環境の中で食べるくさやはいっそうおいしい。

できたら「どうせいいんだ、オレなんかどうせ嫌われ者なんだ」と、実際に声に出してつぶやきながら食べるとさらにおいしくなる。

くさやはまことに孤独な食べ物である。だから、例えば「みんなで食べよう、くさやパーティー」なんてものを開いて、ワイワイ騒ぎながら楽しく食べるとおいしくない。

一人でひっそりと食べるもので、ほとんど趣味の領域に属する食べ物である。

ゴハンのおかずにならず、ビタミンがどうの、カルシウムがどうのという栄養的な論

議の対象になったことも一度もない。

だから通産省は、くさやを家計簿につけるときは、食物欄ではなく趣味欄に記入するよう行政指導しているという。(ウソです)

五年ほど前、大島に行ったときに、くさやの工場を見学したことがある。

工場といっても、くさやの原液を貯蔵するコンクリート製の肥えだめ風の水槽が三つあるだけだ。

この原液を必要な分だけ取り出して塩を足し、干物を一昼夜漬けこんで引き揚げて干し、原液はまた元の水槽に戻すということを繰り返してくさやはできあがる。(原液は塩からくない)

この原液をなめてみたが、思わずノドの奥からむせかえるような、物すごい発酵臭だった。まず鼻が曲がって目が曲がって顔が曲がった。

この工場の庭に一匹の犬が飼われていた。犬は人間の何千倍もの嗅覚がある。

この犬は、この原液の匂いにどう対処しているのだろうと思って、ぼくは思わず犬の顔を見た。

さすがに犬の鼻は曲がっていた。鼻が曲がったために顔全体が曲がっていた。しかも顔は北々東の方角に曲がっているのである。

なぜだろうと思って工場の人に訊くと、大島は常に南々西の方角から風が吹いてくるので、犬は顔をそむけてそっちの方角へ曲がったのだろう、ということであった。（ウソです）

そういうわけで、ぼくはいま、くさやをかじりながらこの原稿を書いている。このくさやは、昨夜ぼくが不意に思いついた「即席くさや」である。

最近、デパートや大きなスーパーでは、「ナンプラー」もしくは「ニョクマム」という東南アジア方面で愛用されている魚醤を売っている。

なければ日本の「ショッツル」でもよい。アジ、サンマ、カマスなどの、なるべく塩からくない開きを買ってきて、これを筆で何回も塗りながら焼く。魚醤はかなり塩からいからお酒で割る。

これが実に旨い。どんな安物の開きもたちまちおいしくなる。ゴハンのおかずにもなる。ぜひ、一度ためしてみてください。

（『伊勢エビの丸かじり』所収）

ギョーマイに至る病

長閑《のどか》とはこういうことをいうのではないだろうか。

先々週だったかの土曜日の朝日新聞に、

「ギョーザとシューマイ、好きなのは？」

という特集記事が載った。

新聞というものは世の中の森羅万象を記事にする。

緊迫する世界情勢、憲法改正問題、経済はどうなる、朝鮮半島有事、斬首作戦……そうした記事の中にポッカリ「ギョーザとシューマイ、好きなのは？」。

これだからして新聞は楽しい。

人間の頭もうまく出来ていて、斬首作戦からすぐに「ギョーザとシューマイ」に頭が切り換わる。

（自分としてはどうなんだろ？　どっちかって言われたらやっぱりギョーザだよナ、ビールに合うし）

と頭の中が急にのんびりして平和になる。

この特集記事は読者の投稿で構成されていてアンケート形式になっている。

ギョーザ派とシューマイ派、どっちが多いか。

ギョーザ派82％、シューマイ派18％。

だよな、「王将」などのギョーザ専門チェーン店はあるけど、シューマイ専門チェーン店て聞いたことないもんな、と思っていたら、記事の中にもまったく同じ意見があって、みんな同じことを考えるもんだな、と思った。

「ギョーザはビールに合う」という意見もあって、ますますみんな同じことを考えるんだな、と思った。

このほか、

「ギョーザは仲良く並んで焼かれて出てくるが、シューマイは各個が適度な距離を置いて出てくる……このあたりがシューマイは一人で食べるとおいしい理由かも」

という意見もあって、これはぼくには思いも寄らぬ卓見で、みんな同じことを考えるわけでもないんだな、と思った。

ここでギョーザとシューマイの違いを考えてみることにする。

ギョーザ〔小麦粉をこねて薄く伸ばした皮に細《こま》かく刻んだ肉と野菜を包んで焼く、または茹でる、または蒸す〕

シューマイ〔小麦粉をこねて薄く伸ばした皮に細かく刻んだ肉と野菜を包んで蒸す〕

ここで改めて驚かざるをえないのは、業務としてやってることはほとんど同じだということである。

ここで思いを馳せざるをえないのが銀行同士の合併である。

思い起こせば平成に入ってから、銀行合併が相次いだ。

三菱銀行が三菱東京UFJ銀行になったり、富士銀行がさくら銀行じゃなかったみずほ銀行になったりしてみんなの頭に大混乱をきたした。

もともと銀行は合併に向いていたのだ。なぜかというと、やってる業務がどの銀行もほとんど同じだったからである。

ギョーザとシューマイも、業務がほとんど同じであることが先刻わかった。

経営者なら、ここで誰もが合併を考えるはずだ。

ギョーザとシューマイの合併である。

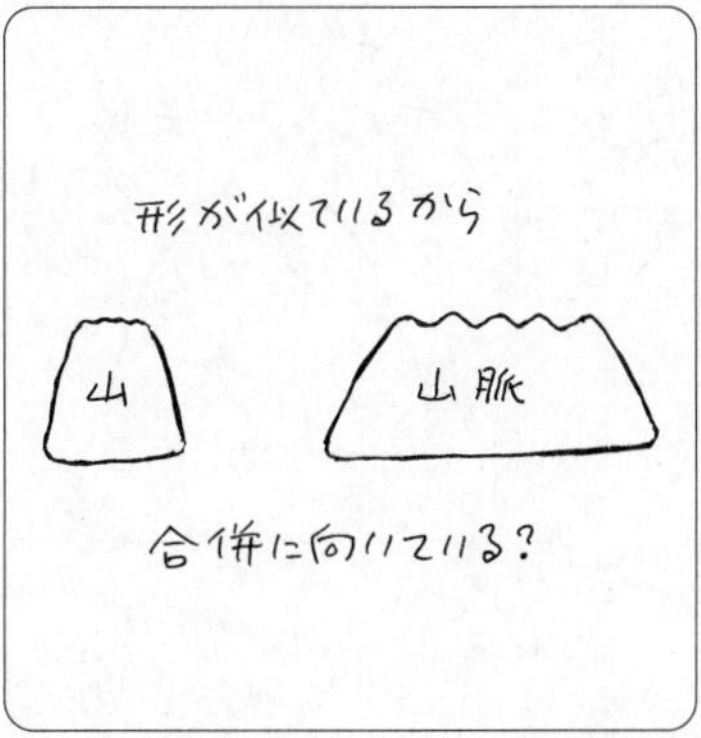

経営的にはすぐにでも合併できるが、問題は合併後の形である。

ギョーザとシューマイを合併させるとどういう形になるのか。

ウーム、とぼくは思わず唸りました。寝床の上でしっかりと腕を組みました。

こういうのを長閑というのです。

土曜日の朝、寝床の上で腕組みして、ギョーザとシューマイを合併させるとどういう形になるのか。

幸いなことに、ギョーザもシューマイも側面から見ると山の形をしている。

ギョーザは山脈、シューマイは単独の山容。

ね、ホラ、何となく浮かんできたでしょう、おぼろげながら山の形をした「ギョーマイ」のデザインが。

いずれにしても山のてっぺんには一粒のグリンピース。

しかしこれだと、シューマイのシンボルとしてのグリンピースをてっぺんにのせたことになり、全容がシューマイ似になってしまい、ギョーザ側の顔が立たない、ということになって取締役会で揉めることになる。

銀行のときもいろいろ揉めましたよね、面子《メンツ》とかで。

で、ギョーザの顔を立ててグリンピースを半分に切ってのせる。

あとの細かいところは広告代理店とデザイナーにまかせればいいのです。

いよいよ食べることになりました、そのギョーマイを。

何をつけて食べるか。

これも双方の面子を考えるとむずかしい問題になるが、意外なところに解決策があった。

ギョーザだと酢とラー油と醬油。

シューマイだと辛子と醬油。

酢とラー油と醬油と辛子、全部混ぜたのをつけて食べる。

本体が対等合併なら調味料も対等合併。

これで全てが円満に解決した。

大団円とはまさにこのことである。

何しろギョーザとシューマイが合併してギョーマイということになったのだから、朝日新聞もこれから先「ギョーザとシューマイ、好きなのは？」という特集記事を組む必要がなくなったのだ。

ただ、たぶん、このギョーマイ、味としてはおいしくはないと思うな。

そこでぼくは最良の策を思いついたのです。

ギョーザの皿とシューマイの皿を用意して交互に食べる。

これが一番おいしいかもしれない。

これが本当の大団円？


（『サクランボの丸かじり』所収）

許せ、おから

世に、お袋の味と呼ばれているものがある。

世に、というほど大げさなものではないが、日本中、どこへ行ってもお袋の味で通る。

お袋の味とは、その人が幼少期に家でよく食べていたものであり、母親を想起させるものである。

であるから、世代によって、各家庭によって、お袋の味はそれぞれ違ってくる。

いま、二十代から四十代の人なら、それはハンバーグであったり、グラタンであったり、カレーであったりするが、昭和の時代に育った人たちのお袋の味は全く違ってくる。

おからの煮たの、ひじきの煮たの、切り干し大根の煮たのということになる。

もちろん、このほかにも、キンピラごぼう、オムレツ、肉じゃがなどがあるが、今回は話の都合上、おから、ひじき、切り干し大根を昭和の世代の人たちの三大お袋の味と

いうことにさせていただく。

ぼくがよく行くスーパーのおかずコーナーにはこの三品が常に隣り合わせに並べられていて、この三品の前には常にお年寄りの人が二、三人たむろしていて、どれにしようかと真剣に検討しており、この三品がこの世代の人たちのお袋の味であることを立証している。

ぼくもそのスーパーに行くと、必ずその三品の前で立ちどまり、おからにしようか、ひじきにしようか、切り干し大根にしようか、と真剣に悩み、結局、帰りのスーパーの袋の中には三品全部が入っている、ということがしばしばある。

この三品の中で、ぼくが特に贔屓《ひいき》にしているのがおからである。

おからは偉大である。

おからは人参、干し椎茸、木くらげ、こんにゃく、油揚げなどといっしょに炒り煮にしてある。

おからは、それ自体にクセがないので、どんなものといっしょになっても、それらを包みこむ懐の大きさがあり、ふと気がつくと、いつのまにかチームリーダーとなってグループを取りまとめている。

おかずとしてのおからの最大の特徴はしっとりしていること。

適度に水分を含んでしっとり湿っている。

このしっとりがゴハンに合う。

一口分のゴハンの上にのせると、しっとりしているからポロポロ落ちたりしない。握り寿司のネタのようにゴハンの上にしっかりのっかっている。

ここでもおからがチームリーダーとして全体を取りまとめているのだ。

これをこのまま口の中に放りこめば、湿ったゴハンと湿ったおからは湿り同士として気が合うらしいことが口の中から伝わってくる。

うん、やっぱりおからはいいな。

ひじきや切り干し大根もいいが、ぼくはおからにいちばん親近感を感じる。

家庭的なもの、お袋の味にぴったりのものを感じる。

ぼくのみならず、世間的にもそういう傾向がある。

おからは人気があって、いろんな物語の中にもしばしば登場する。

落語の「千早ふる」にもおからは登場し、講談にもおからネタがある。

一九六九年ごろのNETテレビの時代劇シリーズ「素浪人　花山大吉」では、大吉役の近衛十四郎が、居酒屋のメニューにおからがないと知ると、「けしからんなあ」「いかんなあ」と、しきりに怒っていたものだった。

中国では手抜き工事を「おから工事」といいます
だとすると
豆腐渣工程
トウフジャーコンチョン

こうしたおからに対する愛情、親近感はどこからくるのか。

同情説、というのはどうか。

おから気の毒説。

おからが気の毒でならない、と思っている人が世の中にいっぱいいるのだ。

おからの実体は有り体に言えば、大豆から豆腐を作る過程で出来る豆乳の搾り滓《かす》である。

広辞苑によれば滓とは【よい所を取り去ってあ

とに残った不用物】である。

最初の志《こころざし》は一つだった。

みんなで心を合わせて豆腐を作ろう、だった。

途中の豆乳のところから様子がおかしくなった。

急に「残留組」と「離脱組」とに分かれるという問題が発生した。

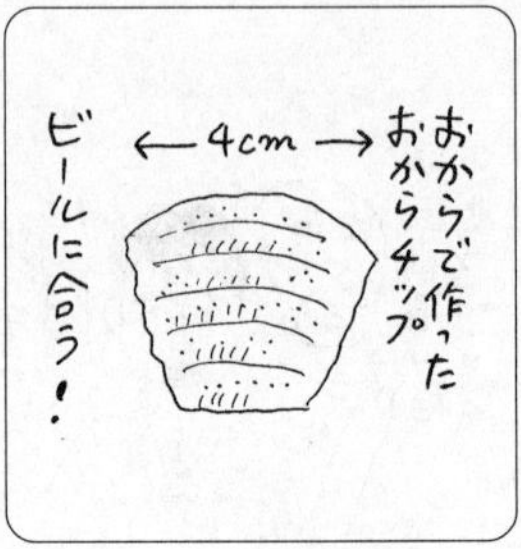
おからで作った
おからチップ
←4cm→
ビールに合う！

おからにしてみれば、自分たちは「残留組」なのか「離脱組」なのか、「エ？　どっちなの？」とマゴマゴしているうちに、事態は粛々と進行していて、自分たちは布袋みたいなものに残留し、布袋から離脱するものはどんどん離脱していき、その時点ではまだどっちがどう大切なのかわからないでウロウロしていると、突然、キミたちは滓である、不用物である、と言い渡されたのである。わたしたちはおからを騙したのだ。

おからを裏切ったのである。

その思いは豆腐の製造業者にもちろんあり、わたしたち豆腐の消費者の心の奥底にくすぶっている。

悪かった、すまなかった、という原罪意識は、やがて贖罪の意識へと変化していく。

和解しようという心、赦《ゆる》しを乞おうとする心は、やがて求愛へと変化していく。

とりあえず媚びる、とりあえず媚びて相手の出方を見る、というのはよくあることだ。

いまのところ、相手がどう出ているのか、それがわからない。

それにつけても片や立派な直方体、片や全体がバラバラ。

全体が身を持ち崩した姿のように見える。

身を持ち崩す、というのは、自分で持ち崩すわけだが、おからの場合はわれわれが持ち崩させたわけだから、原罪意識は深まるばかりだ。


（『バナナの丸かじり』所収）

オイルサーディンの恐怖

人間トシをとってくると感性が鈍くなってくる。

めったなことでは感動しなくなる。

そのめったなことが最近あった。

缶詰で感動したのである。

ある缶詰のフタを開けてその中を見たとたん、はらはらと涙がこぼれ落ちた。

センチメンタルなと責めるなかれ。

実はつまらぬことが悲しかったのである。

それはオイルサーディンの缶詰であった。

小さな鰯たちが十二匹、全員頭のない体で、横一列に整然と並んでいるのが可哀想でならなかったのだ。

特に整然が哀れでならなかった。

死んでいるのだから整然と整列しなくてもいいのに整然。

しかも全員頭のない体で整然。

こみあげる涙は嗚咽《おえつ》を伴うのだった。

おいおい、いいトシして、そんなつまらぬことに涙をこぼすなんて、それは感動の涙ではなくて、トシをとって涙腺がゆるんだだけのことじゃないの、と責める方々もおられると思う。

そういう方々に対してぼくは次の詩を捧げる。

丸山薫という昭和初期の詩人の「犬は跣足《はだし》なり」という詩で

す。

ある日　みんなと縁端にゐて／ふいに　はらはら涙がこぼれ落ちた／（略）／せんちめんたるなと責める勿れ／じつは詰らぬことが悲しかつたのだ／愛する犬　綿のやうな毛をふさふささせ／私たちよりも怜悧で正直な小さな魂が／いつも跣足で地面から見上げてゐることが／可哀相でならなかつたのだ

小さな魂が、裸足で無心に自分を見上げている光景が、ありありと目に浮かんだのではありませんか。

ひるがえってオイルサーディンの鰯たちです。犬は裸足だが鰯だって裸足です（たぶん）。

特にオイルサーディンの鰯たちは肌がピカピカして輝いていていかにも跳ねそうに見える。

跳ねそうに見えるが悲しいかな彼らには頭がない。

彼らの魂だって、私たちより怜悧《れいり》で正直であるにちがいない。

なのに彼らには頭がないから、私たちを見上げようにも見上げることができない。

二十四の瞳はどこへ捨てられたのか。

オイルサーディンの缶詰を持った手が悲しみでワナワナと震え、タプタプの油がこぼれそうになるのであった。

それにしても、と、その時思った。

オイルサーディンは小魚たちをなぜあのように整然と並べるのだろうか。

あんなにきちんと並べなくたっていいのではないか。

他の魚の缶詰、サンマにしても鯖にしても鰯の味付け缶にしても、ただ突っ込んであるだけだ。

猫も裸足だけど
けっこう家の中に
いるからね

オイルサーディンの缶詰は、あれは多分手作業ですよね。

手作業で一匹一匹横一列に並べていく。その横一匹一匹を、一匹一匹拾いあげて食べていく。

そのとき翻然と悟りました。

オイルサーディンは整然がおいしい。

たとえばあれを皿か何かにあけて食べたとしますよね、全員タテヨコナナメになって雑然と積み上げられたものを一匹ずつ突《つつ》き出して食べることになる。

整然と横一列に並んでいるのを、きちんきちんと端から一匹ずつ食べていく。

やっぱり、まるきり味が違うような気がする。

ということは、オイルサーディンは缶から何かにあけて食べてはいけないのだ。

そういうわけで、オイルサーディンは輸送などで整然が崩れないように、あの四角くて平べったい缶になっていると思うのだが、実はあの缶には問題がある。

その問題にいつも泣かされている。

四角くて平べったい缶をテーブルに置いて手でしっかり押さえる。

そうしておいて、フタに付いているワッカに指を入れてペキッと引き上げ、ムリムリムリと開けていっていよいよ最終コーナーのところへさしかかる。

このコーナーが問題なんです。

ここから急に慎重になる。

ある恐れで胸が一杯になる。

それはある一瞬を恐れる恐怖である。

缶からフタが最終的に離れる一瞬に悲劇が起こる。残りあと一センチというところで起こる。十中八九起こる。

フタのほうに神経が集中するあまり、缶を押さえている手のほうがおろそかになる。おろそかになって、引っぱり上げる力に負けてつい缶が浮き上がる。

その瞬間フタがパッカンと取れ、缶全体が浮き上がって大きく揺れる。

誰でも知っていることだが、オイルサーディン缶の油はなぜか缶のフチぎりぎり一杯に入っている。

最も恐れていたことが十中八九起こるというこの恐怖。

世の中には様々な恐怖症があって、高所恐怖症もその一つである。

高所恐怖症は様々に喧伝されるが、オイルサーディン・パッカン恐怖症というのは厳然として存在するのだが、こっちのほうは陰でヒソヒソ囁かれているだけでなかなか世の中には出てこない。

もっと話題にすべきだと思うのですが。

（『バナナの丸かじり』所収）

ポテサラ、この不思議なおかず

ポテトサラダぐらい、自然にスッと箸が出る食べものはないのではないか。

テーブルの上にいくつかのおかずが並んでいて、ふと、ポテトサラダがあるのに気づく。

すると何の考えもなく、スッと箸がポテトサラダに向かう。

たとえば同じじゃがいも料理の肉じゃがの場合は、肉じゃががあるのに気がつくと、

「おっ、肉じゃが。オレ好きなんだよね、これ」

と、口には出さないが心の中で思う。

ポテトサラダの場合はそういう感慨めいたものがない。

感慨がわく前に、すでに箸がそっちに向かっている。

ポテトサラダは確かに印象は薄い。

ポテサラ
開店以来
初めてです
ポテサラが
出たのは

印象は薄いくせに、箸をスッと出させる何ものかを持っている。

さっきから「ポテトサラダ」とフルネームで書いているが、通称は「ポテサラ」。

ポテトサラダをポテサラと呼んだとたん、ポテトサラダと呼んでいたときの三割増しぐらいおいしく感じるから不思議だ。よって、これ以降、ポテサラでいく。

ポテッとしていながらサラッとしているところが、まさにポテサラ。

ポテサラぐらいどこにでも顔を出すおかずはほかにない。

ファミレス、洋食レストラン、定食屋のワンプレートものの片隅に、つけ合わせとして出てくる。

一品として、スーパー、コンビニ、100円ショップでも売っている。

ワンプレートもののつけ合わせにポテサラがあると何だか嬉しい。

顔には出さないが心が安まる。

無表情に嬉しい。

ポテサラは何と何と何で出来ているか。

そっちに関心が向く人は少ない。

何かこう、グジャッとしたものが寄り集まっているんだよね、ぐらいにしか考えない。

その実体はいとも簡単で、じゃがいもをゆでて軽くつぶし、そこへキュウリとニンジンと玉ネギ、ときにゆで卵、ハムなどを入れ、マヨネーズで和《あ》えたものだ。

そこに何かが加わった、とか、何かがいつのまにか消えた、とか、そういう歴史はない。

何も足さず、何も引かない、の精神を出現以来貫《つらぬ》いている。

おかずというものは、ふつう、途中で何らかの工夫、アレンジの歴史があるものだ。

コロッケだったら、カレーコロッケ、チーズ入り、など、何らかのバリエーションものが出現するものだが、ポテサラは不動、不動のまま、その人気はかげりなく数十年の安定感。

改良の余地がない、というより、いじりたくない、そのままでいてくれ、という民衆の声なき声に支援されている、と考えたほうがよさそうだ。

キュウリとニンジンと玉ネギの中で、キュウリの役割は大きい。

全体的にグジャッとしている中で、突然、シャリッとくる歯ざわり。

これあってこそ、ポテサラの味が締まる。

グジャの中の清涼。

ポテサラがおかずだとゴハンが何杯でも食べられて困ってしまいますわ
という人はあまりいません

口の中の新生。

このように多くの人々に支持されているポテサラではあるが、いわゆるおやじたちの人気はいまひとつとなっている。

もともとおやじたちは、こういうグジャッとして実体が曖昧なものを好まないということなのか。

たとえば肉じゃがならば実体が明瞭である。

じゃがいも、肉、以上。

おやじたちはポテサラを目にすると、

「これはポテサラである」

というぐらいの認識しか持たない。

それと、

「マヨネーズ味である」

ぐらいの認識で、それ以上のことに関心がない。

キュウリのことも、ニンジンのことも、玉ネギのことにも考えが及ばない、というより、どうでもいいことなのだ。

おやじたちのポテサラの人気がいまひとつ、という証拠がある。

意外にゴハンより
パンに合う
ポテサラサンド

太田和彦さんの名著『精選　東京の居酒屋』には、都内45軒の居酒屋の全メニューが一つ残らず載っているが、そのメニューの中にポテサラがあるのはたった二軒だけだ。

他の居酒屋は、見事にポテサラを無視している。

メニューを選ぶときのおやじたちの頭にも、ポテサラはないらしいのだ。

ポテサラは、酒を飲むときの〝流れ〟にのりにくい、ということもその原因になってるのかもしれない。

たとえば肉じゃがなら、お酒の途中で肉じゃがをちょっとつつき、そのあとすぐ酒に戻るという流れになる。

ポテサラはどういうわけか、いったんポテサラに取りかかると、それまでの流れが途切れ、かかりっきりになる、というか、専念してしまうというか、そういうことになって、元の流れに戻りにくいところがある。

それともう一つ、おやじたちは料理の材料の細かい構成とか、味わい方とかにほとんど関心がない。

だからポテサラを口に入れて嚙んでいて、その途中、シャリッとした感触があってもそのことにさえ気がつかない。

たとえ気がついても、それが何であるかを考えない。

おやじたちは、店を出てからもポテサラにキュウリがあったことに気づかず、それから幾日たっても気づかず、気がつかないまま死んでいくことになるのだが、ま、別にそれでもいいけどね。

（『サンマの丸かじり』所収）

ツナ、マヨに出会う

「マグロといえば……」

とバスの中で誰かが言ったとしましょう。

バスは満員でみんな押し黙って吊り革につかまったり、席に座ったりしているとしましょう。

そうした中で、突然、大きな声で、

「マグロといえば……」

という声が発せられたのです。

そんなバカなことありえないぞ、と言う人もいるでしょうが、話の都合上こういうことにさせてください。

バスの中の人たちは、いまのところ頭の中はヒマなので、その発言に素直に反応する。

マグロは刺身だけではないのであります
ツナ缶というものもあるのであります
大日本ツナ缶協会理事

「マグロといえばなんたって中トロだよね。通は大トロより中トロ」

「やっぱり大間だよね、マグロといえば」

「トロロ芋をかけたの何だっけ。そうそう山かけ。あれ大好き」

「山の中の温泉でマグロの刺身出すの、あれ考えものだね」

たぶん、大体こういった反応になるのではないか。

つまりバスの中のほとんどの人が、「マグロイコール刺身」と考えていることになる。

いま「大西洋まぐろ類保存国際委員会」というのが開かれていて（２０１０年11月17日―27

日)、マグロ漁業の今後が話し合われているが、日本人の誰もが心配しているのは、「だんだんマグロが食べられなくなるのではないか」

ということである。

この場合の「マグロが食べられなくなる」のマグロもまた刺身としてのマグロのことを言っている。

ここでぼくは声を大にして言いたいことがあります。

「マグロは刺身だけではないぞ」

ということであり、

「ツナ缶のことも心配しろ」

ということであります。

マグロが獲れなくなればマグロの刺身が食べられなくなると同時に、ツナ缶もまた食べられなくなる。

いいのか、それで。

たぶん「別にぃ」と、大部分の人が無関心だと思うが、もう一度言うけど、いいのか、それで。

それだと、コンビニのおにぎりの「ツナマヨ」が食べられなくなるぞ。いいのか、それで。

ツナマヨサンドも食べられなくなるぞ。いいのか、それで。

ここでちょっとあわててもらえると嬉しいのだが。

コンビニは若者の行くところ、といわれていたのは昔のことで、いまは高齢者も毎日のように行く。

高齢者もコンビニのおにぎりを買う。

おにぎりはコンビニ全体の売り上げの上位を占めており、そのおにぎりの中でツナマヨは人気第一位となっている。

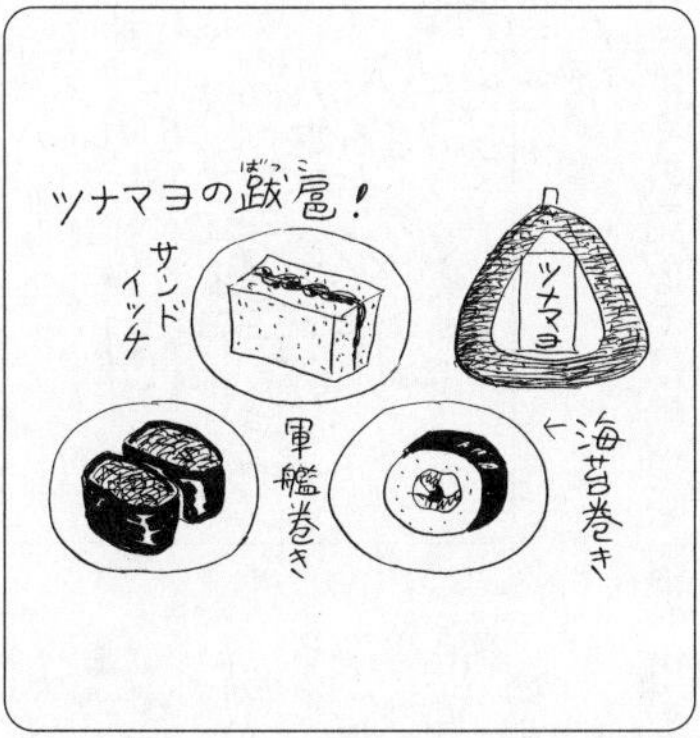

ちなみに二位が紅鮭《べにざけ》で三位が明太子。

サンドイッチでもツナマヨの人気は絶大で、どんなミックスサンドにもツナマヨは必ず組み込まれている。

毎日のようにコンビニに行く人は多いが、毎日寿司屋に行く人はまずいない。

毎日マグロの刺身を食べる人も少ない。

全国的に考えると、もしかしたら刺身としての消費量よりツナマヨのツナとしての消費量のほうが多いのではないか。

ツナマヨはツナのフレークとマヨネーズを和えただけのものなのだが、いまや誰でもそのことを知っている。

ツナマヨ？　何それ？　などという人は一人もなく、広辞苑にもちゃんと載っている、はず、と思って調べたが載っていなかったけど、いずれ必ず載ります。

ツナ缶はいまから40～50年ぐらい前はまことに不人気な缶詰だった。

そのころはツナとはいわず「鮪フレーク缶」といっていた。

ぼくの記憶では鯖の味噌煮缶よりも位は低かった。

それで苦しまぎれにシーチキンなどといってみた時代もあったがそれでも人気は出なかった。

それがどうです、マヨネーズと出会っていっしょになってツナマヨとなったとたん人気が出て一挙にスターダムにのし上がった。

ツナ単独ではどうにもならなかったのだ。

まあ、確かにツナ缶のツナは見映えがよくない。

刺身や寿司ダネにはマグロの面影が残っているが、ツナ缶のフレークをじーっと見つめていても、これがマグロだったとはどうしても思えない。

それにしても、あの巨大な胴体のマグロをここまで細かくほぐしちゃおうと思った人がいたわけで、その人はほぐすとき、あの巨体をこんなふうにほぐしたりしちゃいけないのではないか、とは思わなかったのだろうか。

ま、ふつうは、マグロの巨体を前にして、

「これをほぐして食べよう」

なんて思わないんですけどね。

ほぐされて見映えが悪くなってしまって、まるきりモテなくて悲嘆に暮れていたときにマヨネーズと出会った。マヨネーズというからには当然女性でしょうね。（ぜんぜん根拠ないけど）

むろん当時は出会い系サイトはなく、いまにして思えばよくぞまあ環境のまったく違う二人が出会えたものだとつくづく思う。

出会ったとたんに意気投合。

二人は文字どおり渾然一体となって奮闘努力、夫婦相和し、和気藹々《あいあい》。ことしも11月22日は「いい夫婦の日」ということでベストカップルが何組か選ばれたが、来年はぜひあの席に、ベストカップルとして〝ツナマヨ夫婦〟を呼んでやってくださいね。

（『ゆで卵の丸かじり』所収）

コンビーフは楽しい

スーパーなどの缶詰コーナーになんとなく立ち寄ってなんとなく見回し、棚のはじっこのあたりにコンビーフの缶があるとなんとなく安心する。

風景として困るんですね、缶詰コーナーにコンビーフが無いというのは。

無いとなんとなく精神が不安定になり、どうしてコンビーフを置いてないんだ、と怒り出す人もいる。

コンビーフは缶詰コーナーに無くてはならない商品であり、無かったら怒るよという商品なのだが、怒るけど買わないよという商品でもある。

まあ、いまどき大抵の人はコンビーフを買わない。

眺めるだけ。眺めて、あると安心するだけ。

やっぱり懐かしいのかな、かつてしょっちゅう食べていたころが。

かつてコンビーフの全盛時代があった。

全盛時代はオーバーかな、しきりに愛用していた時代、に訂正します。

キャンプとか山登りのときは、リュックに必ずといっていいほどコンビーフが一個入っていた。

コンビーフ缶は缶切りが無くても開けられるところが買われていたのかもしれない。

台形の形が異色で、いろいろ持っていく缶詰の色どりとしてもよかったのかもしれない。

手に持ってずっしり重いところも中身の充実を思わせて頼もしかった。

コンビーフは他の缶詰より値段が高かったから特別な思い入れがあった。

特別な思い入れで手に取り、特別な思い入れで巻き取り式のキッカケの出っぱりを探す。

キッカケのところを確認しておいて、缶の上のところに貼りつけてある巻き取る方、あれ何て言ったらいいんですかね、田の字をうんと横に伸ばして中の十を抜いて下に長い棒がついてるやつ、やっぱりオープナーでいいのかな、そいつの長い棒の先っぽに開いている小さな細長い穴のところにキッカケの出っぱりを挿入する。これが第一段階。

ここまでの一連の動作が他の缶詰の開け方とまったく違うところが新鮮で楽しい。

挿入は出っぱりの根元のところまできっちり行う。

ここから右側に回していくわけだが、回し始めるとき、ちょっと息を飲みこんだりする。

ここのところでプチッと切れたりすることがあるし、実際に切れて難儀をした経験を大抵の人は持っているからだ。

切れずにひと回ししたらもう安心、あとはぐるりぐるりと巻き取っていくだけ。

三回ぐらい回したところで、缶と缶の間の七ミリぐらいのスキマからコンビーフの中身というか、肉というか、肌というか、そういうものがチラッと見えてくる。

なにしろ肉肌がチラッと見えるわけだから、ちょっとだけよ、という雰囲気もちょっとだけあり、まことに魅力的なひとときといえる。

そうやってぐるりぐるりと巻き取っていって最終段階となり、もうひと回しと力を込めると、缶は上下に切れて底の部分が落下することがある。

そうするとですね、突然、という感じでコンビーフの下部が露出する。

コンビーフの下半身が剝き出しになるわけです。

これはもう本当に突然という感じなのでうろたえ、いや、自分はそういうつもりはまったくなかった、そんな、脱がそうなんて、と言いわけしつつ、さっき落下した部分を露出した下半身にあてがって穿《は》かせる、じゃなかった嵌《は》めこむ。

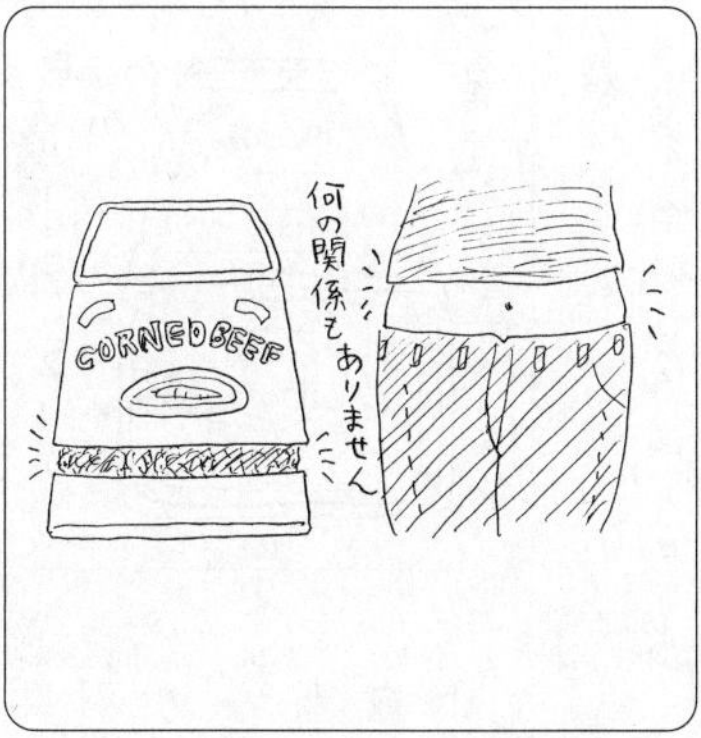

嵌めこんでおいて、今度は上半身、じゃなかった、缶の上の部分をそろそろと引き抜きにかかる。
上半身を裸にしようというわけです。この行為は決してヘンな考えから行うわけではないのです。
つまりです、さっき下部に嵌めこんだ部分を台にして手で持ち、コンビーフの〝丸かじり〟をしようってわけなんです。
この缶の上部引き抜きはとてもむずかしい。

牛肉の脂肪分がニッチャリと缶に張りついていて、無理に引き抜こうとすると形が崩れる。崩れてしまっては丸かじりにならない。

なだめ、すかし、励まし、やわやわとようやく引き抜く。

左手で缶の底部を持ち、まず全容をとくと眺める。

露出したコンビーフは高さ七センチの山容。

山肌はびっしりと、うじゃうじゃした肉の繊維で覆われ、そのところどころに白い脂肪の固まり、そしてゼラチン質の透明な膜。

山頂の角のところにかじりつく。

あんぐりとかじり取る。

コンビーフの固まりが口の中にゴロリ。

これがですね、ニッチャリしていて特に脂の部分、ヘットですね、豚でいうとラード、それがどうにもしつこくて閉口。困惑。コンビーフはやっぱり冷たいまま食べちゃいかんとつくづく思いました。特に大きな固まりで食べちゃいかん。口ん中ニッチャニチャ。

コンビーフは熱を加えると突然変身する。

さっき食べた冷たいのと同じものとは思えないほど美味に変身してステーキとはまた

違った牛肉の料理法の一つの極致を感じる。

熱いゴハンを茶わんによそい、その中にコンビーフを埋めて三分、おいしいよー。

（『どら焼きの丸かじり』所収）

鳥わさの不思議

「蕎麦屋で飲む」というたぐいの本が流行っているようだが、これも時代の反映だろうか。

景気のわるさと関係があるような気がする。

「あそこで飲んでるぶんには金がかからないらしいよ」

というような風評が広まり、

「あそこで飲んでると〝粋な人〟と見られるらしいよ」

というような評価がなされ、

「あそこで飲んでると、金がないので蕎麦屋で飲んでるとは見られないらしいよ」

というような風説が流布された結果らしい。

風説の流布は、株の世界では犯罪だが、金のない酒飲みの世界では大いに歓迎される。

鳥わさ普及協会
理事 鳥輪鋳三
鳥わさを
メニューに加える
よう説得する
T氏
なかなか
応じない店主

風説を信じて、いまどきの酒飲みは蕎麦屋に集結する。

一口に蕎麦屋で飲むといっても、どんな蕎麦屋でもいいというわけではない。

もり、かけ、から、天丼、かつ丼、カレーライス、本日の昼定食サバ味噌煮込みに冷や奴付き、などという店はいけない。

こういう店で酒を飲んでる人を「粋な人なんだ」なんて誰も思わない。

とりあえず老舗。昔ながらのお蕎麦屋さん。

こういう老舗の蕎麦屋は、〝酒を飲みにくる客〟を当然の客として勘定に入れている。したがって、酒の肴をいくつか取り揃えている。

こういう店の酒の肴は、歴史と伝統にいろどられた定番ものばかりだ。

そういう定番以外のものはまず出さない。タコぶつ韓国風ピリ辛炒め、なんてものはもちろん出さない。

蕎麦味噌、焼き海苔、板わさ、鳥わさ、天ぷら、鴨焼き、といったところで、その種類は多くない。

〝蕎麦屋の酒の肴〟という独得の世界があるのだ。

ぼくが蕎麦屋で酒を飲むとき、いつも迷うことなくたのむ一品がある。

それは鳥わさだッ！　なんて、急に興奮してしまったが、ま、もともと大好きなんですね、鳥わさが。

鳥わさというのは、鶏のササミを熱湯にくぐらせ、すぐに冷やし、一つのササミを五、六切れにナナメ切りにしただけのものだ。

これにミツバと海苔とワサビをのせ、上から醬油をかけて搔きまわして食べる。

魚の刺身は一切れずつ醬油をつけて食べるが、鳥わさに限って搔きまわして食べることになっている。

この鳥わさがおいしい。

水中にいたものの刺身ではなく、うん、明らかに陸にいたものの刺身だな、という味がする。

なにしろ鶏であるから、刺身ではあるが鶏肉の味がする。生の鶏の味がする。

肉に弾力がある。刺身なのに噛みしめる快感がある。

そこんところにミツバの香りが加わり、ミツバのシャキシャキが加わり、醤油に濡れそぼった海苔の小片がへばりついてきた日にゃ、自分は、もう、たまらんです。

そうして最後のところで、やや多めのワサビが鼻にツーンときた日にゃ、自分はもうどうしていいかわからんです。

ささみはスジを取ったものを買おう
■厚みのあるところに包丁で切れ目を入れる。(火のとおりをよくする)
一切れの厚さは一センチ(薄いと旨くない)

そのあと、冷たく冷えた生ビールを、ゴッ、ゴッ、ゴッとあおった日にゃ、自分はもう駆け出すであります。

鶏に合わせるものに、ミツバと海苔とワサビがあるわけだが、なかんずく合うのはワサビでしょうね。なにしろ鳥わさのわさは、ワサビのことなのですから。

ミツバと海苔とワサビと三つあるのに、ワサビを特別に指名したわけですから。

ミツバと海苔は指名しないわけですから。

キャバレーなんかでも、特に気に入った娘には、大金を出して場内指名にするわけだが、それと同じことをしたわけですね。

それにしても不思議なのは、鳥わさは本来鳥わさびですが、びはどこに行ったのでしょう。

板わさびのびもどこに消えたのでしょう。

『チーズはどこへ消えた？』という本が売れてるようですが、

「鳥わさびのびはどこに消えた」

という本はどうでしょう。続篇はもちろん、

「板わさびのびはどこに行った」

です。

あと、居酒屋のことになるが、

「イカ刺しのみはどこに消えた」

という本だって作れるし、

「モロキュウのリはどこに行った」

もできる。

それにしても不思議なのは、この鳥わさ、こんなにおいしいものなのに、蕎麦屋以外ではめったにお目にかかれないことだ。

居酒屋などで、たまに、鳥刺しとして登場することはあるが、十軒のうち一軒あるかどうかというところだ。

作り方だってきわめて簡単だし、自分はもっともっと鳥わさを普及させたいであります。

どうも世間の目は、鳥わさに対して冷たいようだ。

鳥わさ丼というものも一度食べてみたい。

え？　冷たい丼？　と、冷たい視線を投げかける人に対しては、

「じゃあ、鉄火丼はどうなんだッ」

と、激しい興奮を交えて反論したい。

鳥わさの作り方は簡単です。

ササミを買ってきて熱湯にくぐらすだけ。コツは、鍋の中にいっぺんにたくさん入れないこと。一本ずつ入れること。一本十秒。ただちに氷水へ。もう、それだけ。

（『ゴハンの丸かじり』所収）

板ワサ大疑惑

居酒屋のメニューの一つに板ワサというものがある。

「ああ、アレね、カマボコを切ってワサビ醤油につけて食べるアレね」

と、誰もが知っているアレです。

板ワサは、なにしろ切るだけだから注文すればすぐ出てくるし、値段も高くないから気安く注文できる。気安いやつだからといって、ついみんな見逃してしまっているが、この板ワサ、なかなかのしたたか者なのである。

その周辺は数々の疑惑に包まれており、板ワサ疑惑として追及していかなければいけない一品でもあるのだ。

まずそのネーミングが怪しい。

本体はまぎれもないカマボコなのに、その名前にカマボコのカマも出てこなければカ

マボコのボコさえ出てこない。その実体はカマボコとワサビなのだから、正直にカマワサと言うべきではないのか。なぜ正直に言うのをためらうのだろう。

辞書には、板ワサの板は、板カマボコの板である、と出ているが、なんかこう言い訳がましいものを感じる。辞書さえ板ワサの不正に加担しているように思える。

カマボコの大部分が板を敷いているのは国民的常識なのだ。板はあくまでカマボコの敷物なのだ。

主役はあくまでカマボコなのに、その主役をさしおいて敷物の板を名前に取りあげるというのはどう考えても怪しい。

疑惑はまだある。

板ワサのワサだ。

板ワサのワサはむろんワサビのワサだが、ワサビはあくまでカマボコの添えもののはずだ。

マグロの刺し身にもイカの刺し身にもワサビがつくが、わざわざマグワサって言うか？　イカワサって言うか？

カツオのたたきには生姜がつきものだが、カツショウとは言わない。

コンニャクのおでんにはカラシがつきものだが、コンカラとは言わない。

納豆にもカラシだが、ナッカラって言うか？

こんなところに大落語家を引きあいに出して申しわけないが、たとえば柳家小さん師匠。小さん師匠は座ぶとんを敷いてセンスを小道具にして落語を演じる。

だからといって小さん師匠を「座ぶセン」て言うか？　板ワサという言い方は、小さん師匠を座ぶセンと呼ぶのと同じことなのだ。

どうもカマボコには、板とワサビを主役に押し立てなければならない深い事情があるような気がしてならない。

怪しいやつではあるが、板ワサはビールにも合うし日本酒にも合う。しかし居酒屋のメニューの番付からいうとランクはかなり下のほうだ。

板ワサで一杯やっているサラリーマンは、なんかこう貧相な感じがする。サラリーマンのランクとしても、〝板ワサどまり〟という感じを受ける。

ところが、これが老舗の蕎麦屋のメニューに登場すると急に印象が変わる。俄然、品格を伴った一品ということになる。

蕎麦屋で蕎麦をたぐる前に、板ワサで一本つけてもらって一杯やっている老紳士なんてことになると、その周辺には気品さえただよってくる。

功成り名遂げて「板ワサ上がり」となった人の風格さえ感じられる。

蕎麦屋の板ワサは、一種の伝統美の世界なのだ。

ところがこの板ワサが家庭の晩酌に出てくると、また急にガラリと印象が変わる。

家庭の晩酌に出てくる板ワサは、手抜き料理の最たるものだ。とにかく切っただけ。ワサビはチューブを押しただけ。当然おとうさんの機嫌はナナメになり、眉間のシワはタテになる。

家庭の晩酌には決して出してはならないものが板

ワサなのだ。

ところが、この板ワサが、日本旅館の朝の食卓に登場すると、その印象はまたまた一変する。

日本旅館の朝の食卓。

食卓について、お茶などすすりながら全容を見ていく。

アジの開き、焼き海苔、だし巻き玉子、生卵と見ていって、そして板ワサ。うん、うん、板ワサいてくれたか、とつい嬉しくなる。そしてまた、この板ワサが、旅館の朝食にかぎってゴハンによく合うんですね。

切られて立っているカマボコの一片をまず横倒しに倒してから、それを箸でつまんで醤油の小皿にひたす。

なぜ最初に横倒しにしておくかというと、立ったままのカマボコを箸でつまんで小皿の上で倒すと、醤油がはねてあたりに飛び散るからです。

カマボコをようく醤油にひたす。

裏も表もようくひたす。カマボコに裏と表があるのかという問いを無視してようくひたす。

その上にワサビをのせる。

ぼくは板ワサの場合は、常々ワサビよりワサビ漬けのほうが合うと思っているのだが、ま、この際ワサビで我慢することにしよう。

ワサビをたっぷりカマボコの上にのせてパクリと口に入れる。

しばらくは何事もなく、平和なひとときが流れる。

そして突如、きました、きました、ツーンが。

ツーンが鼻腔を通り抜けていく様が逐一感じられたそのあと、届きました届きました脳天に。

きらめく閃光、横なぐりのびんた。

しばし思考の空白。

知らぬまに右手の人さし指と親指は眉間の肉をギュッとはさみ、知らぬまに目はかたく閉じられ、知らぬまに目からは涙が流れ、知らぬまに全身はロダンの考える人となっている。

この刺激、この清涼、この潑剌が、二日酔い気味の旅館の朝食のゴハンにまさにピタリとくるのですね。


（『親子丼の丸かじり』所収）

魚肉ソーセージ再見

スーパーで買い物を済ませ、レジの行列に並んでいたら、魚肉ソーセージが一本、レジ際の棚に置いてあった。スーパーによくある〝放置物〟である。

いったん買い物カゴに入れはしたものの、なんらかの事情で要らなくなり、手近なところに捨てたものが放置物である。

意外なところに、意外なものがあるのが放置物の特徴だ。

ジュースのコーナーに、アジの干物が放置されていたりする。

かん詰のコーナーに、コンニャクが放置されていたりする。

「オヤ」という新鮮な驚きを味わわせてくれ、スーパーでの買い物の楽しみの一つに数えられている。

魚肉ソーセージを見るのは、実に久しぶりのことだ。

手にとってみる。

懐かしいオレンジ色。懐かしい弾力。懐かしい太さ、長さ。

内容豊富な添加物の表示。

実際の内容より、添加物の種類のほうが多いのだ。

魚肉ソーセージには、様々な思い出がある。

捨てる神あれば拾う神あり。ぼくは放置されていたソーセージを買い物カゴに入れた。うちへ帰って、もどかしく取り出す。「品名 魚肉ソーセージ」と書いてある。なんと懐かしい言葉だろう。

まず一番表の包装を破る。

あざやかなオレンジ色のフィルムに包まれた魚肉ソーセージが出てくる。

両はしが、アルミのような輪で閉じられている。

そうそう、このように、アルミの輪で閉じられていたのだった。

古式にのっとって、ソーセージの肩のあたりを前歯で食い破る。そこのところをつまんで、ミシン目に沿って破いていこうとするのだが、破れ目はあらぬ方向に向かい、やがてちぎれる。

そうそう、このように、あらぬ方向に向かってちぎれたのだった。

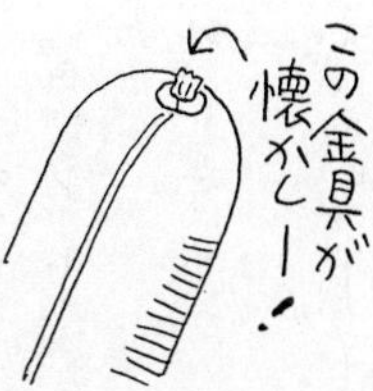

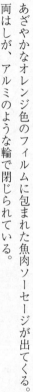

フィルムをはがしていくと、ソーセージがはがれてフィルムにくっついてくる。

そうそう、このようにソーセージの表面がはがれて、フィルムにくっついてきたのだった。

先端をパクリと一口。

予想したより歯ごたえがなく、あっさりと嚙み切られて、力余った歯がカチンと音をたてる。魚肉よりも、澱粉が全体を占めている柔らかさである。

そうそう、このような〝澱粉感〟であった。

懐かしい魚肉ソーセージの味。

明らかにソーセージではなく、カマボコでもなく、チクワでもなく、ハムでもなく「魚肉ソーセージの味」としか言いようのない味である。

おいしい、とか、おいしくない、とか、そういう問題を離れた味で、〝オレンジ色の味〟とでも言うのだろうか。

いまでこそ、わざわざ〝魚肉〟を付けるが、昔はソーセージと言えば魚肉ソーセージのことだった。だから〝魚肉〟は付けなかった。

戦後の食糧史の中で、魚肉ソーセージが果たした役割は大きい。

誰もが魚肉ソーセージの歴史と思い出を持っているはずだ。

ぼくのソーセージ歴は三十五年ほどになるが、そのうちの十年間は、魚肉ソーセージが占めている。

その後、プレスハムの時代が五年ほど続き、そのあとようやく本物のハム、ソーセージの時代がやってきて今日に至っている。

食品の工業化の、トップを切ったのも魚肉ソーセージであった。

旅行とかキャンプには、かならず魚肉ソーセージのマヨネーズ和《あ》えが登場した。

魚肉ソーセージは、なぜかかならずナナメ切りにしたものだった。

当時は「サッポロジャイアンツ」という巨大なビンのビールがはやっていて、魚肉ソーセージとサッポロジャイアンツはキャンプの必携品であった。

いまの魚肉ソーセージには、合成保存料が入っていないものもあるが、当時はそんなことは考えられなかった。

食品添加物に対する考え方が、いまほど厳しくなかったから、メーカー側もけっこう強気だった。

原材料名のところの、魚肉（たら　ほっけ）の次に、添加物群の代表として、むしろ誇らしげに、合成保存料、と麗々しく掲げられていたのである。

その昔
「魚肉ソーセージ定食」
というものが
ありました
ソース
マヨネーズ

われわれ消費者のほうも、合成保存料という文字を、むしろ頼もしく見守っていた。

（そうか、合成保存料使ってるんじゃ、もう大丈夫だ）

と、すっかり安心して、冷蔵庫にしまうなどということは考えもしなかった。

メーカー側も、「直射日光を避けて保存してください」などと、かなり強気だった。わざわざ「直射日光」に当てて保存する人もいたのかもしれない。

少し弱気のメーカーは、

「陽の当たらないところに保存してください」という表示になり、もっと気の弱いメーカーは、「冷暗所に保存してください」という表示になった。（しかし冷暗所というのもなんだか不気味だな）

合成保存料に続いて、弾力増強剤、結着補強剤、乳化安定剤、発色剤、酸化防止剤、PH調整剤などが並ぶ。

財界ならぬ剤界の、オールスターキャスト、総動員で登場である。

もともとやる気のないタラやホッケを剤界がこぞって励まし、補強し、増強し、二者の仲を調整し、安定させ、不良化を防止し、着色し、強引にソーセージにしてしまおうという魂胆なのである。

やる気のなかったタラやホッケも、そこまでしてくれるのなら、と、澱粉などにも協力を要請して、なんとかソーセージ風のものになりおおせたのである。

剤界のお歴々に、オールスターキャストで来られたので、タラやホッケも断りきれず、止むをえずソーセージになった、という説もある。

魚肉ソーセージの歴史は、そのまま戦後の日本の食の歴史でもある。

ついこのあいだまで、魚肉ソーセージを毎日食べて口の中を渋くさせていた同じ人間が、いまや、ロースハムだ、ボンレスだ、スモークの具合がどうの、いや、遠赤外線の炭火造りでなくちゃダメだ、やはり帝国ホテルの腰肉だけを使ったハムはおいしゅうざますわね、などと、同じ口でしゃべっているのだ。

そして、魚肉ソーセージは、ローカロリーでヘルシーで、おダイエット向きざますわね、ということになって、再び見直されてきているのだ。

（『ナマズの丸かじり』所収）

ビールと冷や奴

いま、一年中でビールが一番うまい季節だ。

風呂あがりのビールは特にうまい。

帰りの電車の中で、「今夜はビールだ」と心に決めたおとうさんは、家に帰ってくるなり、とにもかくにもと風呂に飛び込む。

お風呂につかっていても、頭の中はビールのことばかり。

入浴の途中で、矢も楯もたまらず、「エーイ」と掛け声かけて勢いよく飛び出し、体を拭く間ももどかしく、ドシドシ歩いてテーブルの前にドッカとすわりこむ。鼻息もかなり荒くなっている。

いまの季節だと、ツマミは枝豆か冷や奴《やっこ》ということになる。

ドバドバとビールを大ジョッキに注いでおいて、おとうさんは枝豆を一つ、力強くつまみあげる。

力強くサヤを押し、力強くマメをひしぎ出し、塩味のよく効いたやつを力強く噛みしめる。

そうしておいて、「デワ、デワ」と大ジョッキを力強く取りあげ、ナミナミと注がれたビールを、グビグビとノドを鳴らして飲むことになる。

行為の全体が、力にあふれたものとなっている。

一方、冷や奴を選んだほうのおとうさんはどうなるか。

ドシドシ、ドッカまでは同じである。

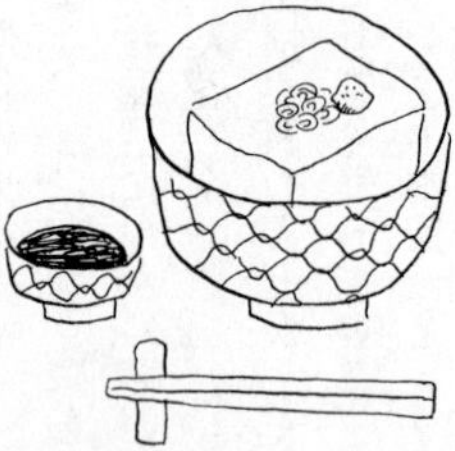

ドシドシ、ドッカのあと、おとうさんは力強く箸を取りあげ、力強く箸を豆腐に突入させる。これがいけない。

なまじ力が入っているばっかりに、勢いあまって豆腐を突きくずしてしまう。

豆腐というものは、激しい箸の突入に耐えられるほど丈夫にできてはいない。

ここでおとうさんが冷静になれば、ことは無事に運ぶのだが、なにしろ電車の中からビールで頭が一杯になっていたおとうさんのことだ。

冷静になるべきところを、逆に逆上してしまうのである。

豆腐は興奮と逆上に弱い。

そのうえ冷や奴は、枝豆のように手続きが簡単ではない。箸の先で取りあげた豆腐を、こんどは薬味まじりの醬油にひたすという手続きが残っている。

力と鼻息にあふれたおとうさんは、豆腐の破片をつまみあげた時点で箸をヨロヨロッとさせ、醬油にひたした豆腐を取りあげた時点でアラヨッというような動作をしてしまい、結局、口のところまで到達した豆腐はほんのわずかな小片となってしまう。

おとうさんは無念である。

いまいましさが残っているせいもあって、その小片を力強く嚙みしめると、何ということか、あまりの歯ごたえのなさに、しばらく呆然としてしまうほどだ。

こんなはずはない、もう一度豆腐を確認しよう、と、もう一度力強く嚙みしめると、歯と歯の間にはもはや何もなく、カツン、という音が耳に響くだけである。

おとうさんは空《むな》しい。

ドシドシ、ドッカ、と力強くテーブルにすわったおとうさんには、力がみなぎっていたのだ。

その力の持っていき場がない。

なにしろ相手は豆腐であるから、ありあまる力を存分にふるうことができない。

おとうさんはもどかしい。

はぐらかされたような気持ちになり、大ジョッキを持ちあげる手つきも力なく、ゴクゴク鳴るノドも弱々しい。

おとうさんの何がいけなかったのか。

豆腐に歯ごたえを期待したのがいけなかった。

ふだんなら決してそんな期待はしないのだが、興奮していたのがいけなかった。

肉体ヒロージのリポビタンDは体にいいが、精神コーフンジの冷や奴は体によくないと、古来いわれてきたはずだ。

その教えを、おとうさんは守らなかった。

豆腐の魅力は歯ごたえのなさにある。

歯ごたえのなさが、魅力のすべてといってもいいかもしれない。

味のほうは説明がむずかしい。特においしい豆腐の説明がむずかしい。よく「この豆腐はおいしい」とか「まずい」とかいうが、ではその違いを原稿用紙四枚で述べよ、といわれると大抵の人は困るはずだ。

いい豆腐は味が濃い、とか、豆の味がする、とか、堅い、とか、ぬめり感が強いとかいうが、豆腐通にいわせると、そういう豆腐は下等な豆腐だということになる。

おいしい豆腐は、もう何の味もせず、何の歯ごたえもなく、口中のわずかなすき間を水のごとくではなく、豆腐のごとく通過していくものだという。

こうなってくると、まるで禅問答だ。

一体に、関東の人は堅めで味の濃い豆腐を好み、関西は絹ごしの柔らかい無味の豆腐を好むという。

そして豆腐は、関西のほうが本場だ。

京都には、豆腐の名店といわれる店がたくさんある。

ぼくなども、つねづねおいしい豆腐とはどういう豆腐か、ということを気にしているのだが、いざ豆腐を食べる段階になると〝つい何となく〟食べてしまう。

豆腐の味噌汁などは特にそうで、〝つい何となく〟飲んでしまい、食べてしまい、おいしい豆腐だったのかどうか、さっぱり覚えていないことが多い。

しかし、まずい豆腐の場合は、わりにはっきり気がつく。

そういうことを気にしないで食べ終わってしまうということは、おいしい豆腐だったということになるのかもしれない。

豆腐とはそういうものです、といってくれるとありがたいのだが、世間には豆腐好き

カツカツという耳への
響きを楽しみながら
冷や奴を食べる
人生の達人
チリリン
カツ
カツ

と称するうるさい連中がたくさんいる。

豆腐の名店などに行って、周りが「ウン、これこれ。これが本当の豆腐の味」などとさわぐと、ぼくも「ウン、そう。まさにこれ」なんてうなずいたりしているが、見栄でいってるだけだ。

豆腐を食べていて、いつも気の毒に思うことがひとつある。

歯が気の毒でならない。

だいたい歯というものは、口の中に何か入ってきたら噛んでやろう、と待ちかまえているものなのだ。

口中を通過するものにはすべて関与したい、と考えているのである。

永年の習慣でそうなっているのだ。

なのに豆腐の通過に限って、歯はまるきり関与することができない。

なんの挨拶もなく豆腐は通過していく。

メンツをつぶされた歯の無念を思うと、気の毒でならない。

豆腐を食べるとカツカツという歯のあたる音が聞こえる。あれは歯の無念のつぶやきなのだ。

そして、このカツカツというアゴから耳へかけての響きも、実は豆腐の味のうちなのである。


（『トンカツの丸かじり』所収）

食べる前に見よ

はがす人

はがす人っていますね。

なんでもはがしちゃう人。

たとえば稲荷ずし。

稲荷ずしというものは、箸でつかんで、大口あけてパクリとやるものなのだが、〝はがす人〟はそれを嫌う。

皮をはがして裸にしてしまう。

つまり、油揚げを、脱がしてしまうわけですね。

もうちょっと乱暴な人は、箸でビリビリと破って脱がせる。

そうして脱がせたものを、酢めしのかたわらにまとめて置く。

こうしておいて、酢めしを突きくずして一口食べては、かたわらの油揚げを少しちぎって食べる。

つまり、油揚げをおかずにしてゴハンを食べる、というシステムにもっていきたいのだ。

主食と副食、という概念を稲荷ずしにも導入したいのである。

融通が利かないというか、頑固というか、そういう人に多い。

しかしこれはこれで、稲荷ずしのおいしい食べ方ではある。

パクリ方式では、一口分の酢めしの量に対する油揚げの量が大づかみだが、これだと微調整ができる。しんみりと、稲荷ずしを食べることができる。

それに品もいい。

こういう人は、オムライスの皮もはがしてしまう。

オムライスの皮は、その対応に誰もが苦慮するものである。

ピラピラとはがれやすく、本体のチキンライスといっしょに食べようとするとはがれ落ち、はがそうとすると今度は本体にはりついてはがれない。

大体、オムライスの正式の食べ方はどうなっているのだろうか。

皮と中身と同時進行、というのが一般的な考え方であり、

「裸は世間的にまずい」

という考え方があるようだ。

しかし〝はがす人〟は敢然とはがしてしまう。

冒頭に、全域くまなく、ていねいにはがしてしまう。

全域丸裸にしてしまう。

そうして、ケチャップにまみれたオムレツを、少しずつ食べてはライスを食べる。

すなわち、ここにも主食と副食の概念を導入するのである。

とても頑固な人なんですね。〝はがす人〟は、おでんのバクダンさえもはがしちゃう。

バクダンというのは、ゆで卵をサツマ揚げ風の皮で包んだものだが、あれさえはがしちゃう。

あれはかなりはがしづらいものなんだが、強引にはがしちゃう。

皮をはがしては食べ、はがしては食べ、バクダンはやがてただのゆで卵となる。

しかし、この人の、何ものをもはがさずにはおかない性向は、ゆで卵においても発揮

される。
今度は白身をはがしにかかる。
白身をていねいにはがして黄身だけにしてしまう。
はがし好きともいえるし、分解好きともいえる。
どんなものを見ても、
「これは分解できないか」
と考えるらしいのである。
そして分解してみる。
分解すると安心する。

カツ丼を見ても、分解できないか、と考える。
カツ丼は、カツとゴハンをいっしょに食べ進んでいくものなのだが、〝はがす人〟は〝いっしょ〟が嫌いなのだ。〝いっしょ〟とか融合とか癒着《ゆちゃく》とか和睦《わぼく》とか、そういうことが嫌いなのだ。
分解とか分裂とか離反とか、そういうことが好きなのだ。
ゴハンの上にのっかったカツ全域をはがして、とりあえずフタの上に移動させる。

この場合は〝はがす〟よりもう少し大がかりな作業なので、〝はずす〟といったほうがいいかもしれない。

家屋解体における「屋根取りはずし」の感覚に近いものがあるようだ。

カツ丼は見事に分解されたわけだ。

丼の上は、きれいなさら地になった。

こうしておいて、トンカツに用事ができるたびに、その都度さら地の上に一片ずつ呼び寄せる。

こうすると、カツ丼摂取時にありがちな〝丼上の混乱と混雑〟を避けることができる。

こうしてみると、はがし好きの人は、整理好きの人といえるかもしれない。

カツ丼の分解をここまでにとどめる人もいるが、さらに分解を進める人もいる。

カツのコロモをはがしにかかる。

表も裏もきれいにはがして、カツを裸にしてしまう。

カツ丼の「カツの部」を、「肉の部」と「コロモ（含む玉ネギ・卵）の部」とに分解するわけである。

裸にしてしまったカツには、あらためてトンカツソースをかける。

こうすると、甘から味の「コロモの部」と、ソース味の「肉の部」という二種類の味のちがったおかずができあがったことになる。

ピーナツと柿の種をいっしょにした通称「柿ピー」というものがありますね。

この「柿ピー」に対しても、〃はがす人〃はその根本理念を導入する。

「柿ピー」というものは、ピーナツと柿の種をいっしょに口の中に入れて食べるところにその味わいがある。

また、ピーナツと柿の種の比率によって、味が大いに変わってくるものである。

「柿ピー」にうるさい人たちの間では、「柿4にピー2がベストだ」だの、「いや私は柿5にピー3をモットーにしています」だのの議論さえあるようだ。

もっと厳密な人の中には、「柿4にピー2.5」を主張する人もいる。

0.5というのは、ピーナツ半分のことである。

こういう人たちは、それぞれの主張にしたがって、いちいち数え、その比率を確認してから口の中に放りこむ。

0.5にこだわる人は、ピーナツをわざわざ半分に割ったりする。

大口の人は、「私は柿13にピー9です」ということになる。

むろん、比率など全然考えずに、つかんでは食べ、つかんでは食べの人もいる。

ところがです。〝はがす人〟は、このどの食べ方にもあてはまらない。

柿ピーにも、分離分割方式を導入する。

すなわち、せっかく混合させてある両者を、きちんと選《よ》り分けて食べるのである。柿の種のときは種だけ、ピーナツのときはピーナツだけ。

うつむいて、手のひらの上の両者を、熱心に選り分けて食べる。

（『ワニの丸かじり』所収）

その人の流儀　そのⅡ

■つけ合わせのパセリを必ず食べる人

みんなで取った鶏の唐揚げとか、サンドイッチとかについてくるパセリを、必ず食べる人がグループの中に必ず一人はいる。

そういう人は、必ず食べて必ず言い訳をする。その言い訳の中に、必ずビタミンという言葉が入る。「体にいい」という言葉も必ず入る。

この〝必ず食べる人〟は、必ず人にもすすめる。「体にいい」とか言ってすすめる。

しかし賛同者は少ない。この〝パセリを必ず食べる人〟は、なぜかグループに嫌われている人が多い。

■オムライスのケチャップをならす人

オムライスのまん中のところに、タテにひと筋ケチャップがかかっていますね。あれ

パセリのおばさん

を左右に、丁寧に押し拡げていって平均にならす人。

誰でも多少は左右に押し拡げるものだが、丁寧に、平均に、〝いつまでもならしている〟というところがこの人のポイントだ。

オムライスの先端のしっぽ（というのかナ）のほうまで、ケチャップを丁寧に行きわたらせることに専念する。全域に行きわたらせたのち、もう一度全体をよく眺め、少しでも濃い目のところを発見すると、嬉しそうにそこをならす。

■コロッケをつぶす人

皿の上のコロッケやメンチカ

ツを、箸を横にして平らにつぶし始める。

この人も一種の〝丁寧派〟で、コロッケの厚みを全域同じにすることに専念する。皿の上のコロッケを、押しつぶして平らにしようとする気持ち、なんとなくわかるような気もするのだが、よく考えるとよくわからない。

あのままの状態ではなぜいけないのか。なにがいけないのか。

こういう人は、コロッケを平らにしたのち、全域に丁寧にソースをかけ、もう一度ソースを丁寧に箸で押しつける。

話は変わるが〝サンドイッチをつぶす人〟もいます。

サンドイッチを右手ではさんで、話をしながら人さし指と親指でつぶしていく。この人も〝平均〟と〝丁寧〟ということを常に心がけていて、いつのまにかサンドイッチが平均にペッタンコになっている。見ていて「なんだかおいしそうだナ」とは思うが、まだやったことはない。

■漬け込む人

天ぷら定食などをとると、とりあえず天つゆの皿にすべての天ぷらを漬け込む。漬け込んで、箸で少し押しつける。箸で押しつけて、話し込んだりしている。

このときこの人の念頭にあるのは〝どっぷりの思想〟である。〝びたびたへの憧憬〟である。天つゆにどっぷりひたってびたびたになった天ぷらは、「いかにもウマそうだナ」とは思うがまだやったことはない。

この「漬け込む人」には二種類ある。一つはいま述べた「わざと漬け込む人」であり、もう一つは、「漬け込んで忘れる人」である。

すき焼きの肉を取って卵の器に入れて忘れちゃう人。すっかり忘れていつまでも話し込んだりしている。さっき漬け込んだのをすっかり忘れて、また肉を取ってまた漬け込んでまた忘れてまた話し込んだりしている。

寿司を醤油の皿に漬け込む人もいる。いつどこで漬け込んだのか、ふと隣の人の醤油の小皿を見ると、イカの握りが漬け込んである。漬け込んでからだいぶ時間が経っているらしく、白いイカの先端が醤油色に染まり、シャリが崩れて醤油の中に流れ出している。

こういう人が食べ終えたあとの小皿には、醤油漬けになったゴハンがたっぷり沈んでいる。

■ラーメンの具を元のところに置く人

例えばチャーシューをひとかじりして、元のところにきちんと置く。

かじりかけのチャーシューなんか、どこに置いたっていいじゃないか。そのへんにポイと置けばいいじゃないの。だいたいラーメンなんて、元あった場所にこだわるような立派なとこか？　ちゃんとした場所か？
ラーメン屋のオヤジだって、適当なとこにポイと置いただけじゃないの。しかも、いつまでも置いとくわけじゃないでしょう。一か月も二か月も置いとくわけじゃないでしょう。

でもダメなんですね。この人は元あったところにきちんと置かないと気がすまない。食べ進んで麵や具が入り混じってゴチャゴチャになっても、きちんと元あった〝あたり〟に置かないと気がすまない。

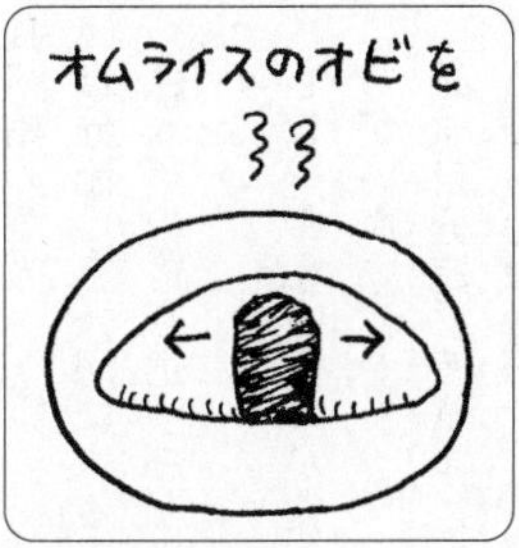

■カツ丼のカツを積み上げる人

カツ丼がくると、とりあえずカツを片隅に積み上げる。水防工事の土のうのように積み上げる。

この人は〝設営〟ということが好きなのだ。キャンプのときなど、テントを張ったりカマドを掘ったり、薪を運んできて積み上げたりしておくことに喜びを感じる人なのだ。

〝備蓄〟を心がける人でもあるのだ。

自分の思うとおりに設営し、備蓄し、それから安心して食べ始める。

〝自分流〟を大切にする人なのだ。

巨人軍の落合選手などは、カツ丼を食べるとき、きっとカツを片隅に積み上げるにちがいない。

もし、こういう人が食べ物屋を始めるとすると、絶対に「居抜き」では店を始めないにちがいない。

必ず自分流に改築するにちがいない。〝カツ丼の居抜き〟さえ嫌って、自分流に改築するぐらいだから。

（『スイカの丸かじり』所収）

しらす干しのある生活

しらす干しを食べるとき、多数の悲劇、ということを考えないわけにはいかない。

しらす干しの一匹一匹は、無名のうちに生まれ、無名のまま死んでいく。

多数の中に埋もれて死んでいく。

じゃあ、ほかの魚、たとえば鯵《あじ》とか鰯《いわし》とかは、一匹一匹名前がついていて、ダレソレ君、カレソレ君と認識されて死んでいくのか？　そうなのか？　どうなんだそのへんは？　とハゲシク迫ってくる人もいるかもしれない。

ではここで、一匹の鰯クンについて考えてみよう。

いま一匹の鰯クンが、塩焼きにされて皿の上にのっている。

そうすると、いまそれを食べようとしている人は一応その鰯クンの全容を見る。

大きい鰯だな、とか、太った鰯だな、とか、脂がのっているな、とか、そういう感想

を持つ。

その鰯に対する評価、といってもいい。

しらす干しの場合はどうか。一匹一匹、こいつは太ってるな、とか、痩せてるな、とか見ていくか？

見ていってもいいけど相当時間がかかるぞ。

「お魚ちゃんが見つめてるからコワーイ」なんて日頃いってる女の人は、あまりにたくさんのお目目に目を回すぞ。

鰯の場合は一応、個としての認識をしてもらえる。

一対一のおつきあいをしてもらえる。一対一で相対《あい》し、太って脂がのっていれば〝旨そうだ〟という評価が生まれる。好意といってはヘンだが、ま、一種の好意が発生したわけですね。私情をはさんだ、といってもいい。

食べ終えたあとも、

「いいヤツだった」

と思い出にひたることもできる。

しらすの場合はどうか。

一匹一匹に私情が生まれるか？

あの一匹一匹に私情をはさむとどえらいことになるぞ。

あの一匹一匹の思い出にひたるとなると相当な日数がかかるぞ。

しらすの悲劇は、人間とそうした一対一のおつきあいができない悲劇だ。

多数という無名性に埋もれて死んでいく哀れさだ。

とにかく数が多すぎるんですね。

居酒屋などの「しらすおろし」一人前には、まあ大体ふつうの大きさのお猪口一杯分ぐらいが入っているから、百七十七匹入っている。（数えました）

一人の人間が百七十七匹をいっぺんに相手にするのだから、その一匹一匹を認識するのはかなりむずかしい。

ちりめん入りおにぎり
大根葉とちりめん炒め
しらす入り卵焼き

一人がいっぺんに相手にできるのは、せいぜい四〜五匹までだろう。メザシならば四匹だから何とか認識してもらえる。右はじに刺さってた太めのやつ、とか、左から二番目の痩せたやつ、とか、左はじの体格はよくないが人の好さそうなやつ、というふうになんとなく記憶に残る。そして、

「右はじのヤツはいいヤツだった」

という思い出も残る。

もしこれが、メザシという形でなく、五〜六匹が皿の上に山積みになっていたらそういうことにはならない。

メザシの場合はグループを結成したのがよかった。グループの一員となったのがよかった。

どこかの団体に所属しているちゃんとしたヤツ、という印象を与えたのがよかった。

同じ仲間で結成されているタタミイワシもちゃんと所属がある。

しらすは所属するところがないんですね。なんだか、ただもう、ひとつかみ、とか、そういう所属の仕方しかない。

体は小さくても個性を発揮してアピールする方法はある。

小鰺なんかは開きになって、旅館の朝食という活路を見出している。

米粒に字を書く人もいるくらいだから、しらすの開き、という手もないではないが、しらすを開いてどうする。

と、まあ、ここまでは、人間がしらす側の立場に立って考えた考え方だが、しらす側にはしらす側の考え方があるにちがいない。

多数の喜び、全体の喜び、無名の喜び、というものもあるのかもしれない。居酒屋などで、

「いやー、このしらすおろし、おいしかったね」

177匹中 まっすぐなのは ただの一匹もなかった なぜか?

と言われたとする。

この讃辞は誰の手柄なのかはわからない。AクンとCクンに特段の功績があった、というものではない。

全体の手柄である。

しらす干しのおいしさは、まさに全体のおいしさ、無名のおいしさなのだ。

無名が生み出すおいしさ。

メバルの煮つけ、カレイの唐揚げなど、強豪居並ぶ居酒屋

のメニューに、ひっそり立ち向かう無名無言の群れ。

それをとったからといって、大喜び、大騒ぎするメニューではないが、いろいろ料理をとった中に一品、しらすおろしが入っている客には見ていてある種の余裕を感じる。懐の余裕もあるかもしれないが、人生に対する余裕のようなものも感じる。

家庭においても同じことがいえる。

その家のメニューに、ときどきしらす干し関係の料理が登場する家庭には、ある種の余裕を感じる。

しらす干しはわざわざ買いに行くものではない。

スーパーなどで、あれこれ買い物をしているときにふとしらす干しが目に入る。

このときふと買う気になるか、まるでならないか、そこのところがその人の分かれめである。

しらす干しにもたまに思いを致す生活。そういう生活。おいしい生活。


（『昼メシの丸かじり』所収）

タッパのフタいずこ

あの、ホラ、よくタッパ、タッパっていって、料理の残り物なんかを入れておくプラスチックの容器、あれは正式に何ていうのだろうか。

タッパはタッパーウェアの略称だろうが、れっきとした商品名であって、ああしたもの全体の総称ではない。

総称ではないが、ほかに名称が思いつかないので、以下、タッパで通すことにする。

問題はフタです。タッパのフタ。

突然ですが、お宅の台所にあるタッパの数をいまここで申告してください。

「普段使ってるタッパの数ですか、エート、六個か七個かな」

正直に申告しなさい、正直に。

流しの下とか、普段使わない物の収納の場所に、大小様々なタッパが、あと十個以上

しまいこんであるでしょうが。

十個以上のフタと、十個以上のハコがごちゃごちゃになってしまいこんであるでしょうが。

そして、その十個以上のフタと十個以上のハコは、ことごとく合わないでしょうが。

あれは、ほんとーに不思議。

いままで買ったタッパがごちゃごちゃとしまいこんであって、ああいうフタなんてめったに失くしたりするもんじゃないし、そうであれば、どれかのフタは必ずどれかのハコに合うはずなのだ。

だけど合わない。

もう一度書くけど、いままで

に色んな必要に応じて大小様々なタッパを買い、そうやってタッパが増え、増えはしてもハコとフタの関係は変わらないわけだから、フタを失くさない限り、そのごちゃごちゃの中のものを一つ一つ試していけば、必ず一枚のフタはどれかのハコに合うはずだ。

だけど合わない。

それはもうはっきりしている。

過去何回もそれを試み、その都度合わないことを確認している。

ごちゃごちゃとしまってあるタッパの中から、いま必要としている大きさのハコをまず選び、このハコに合うフタはどれかな、どれかな、うん、これ。これこれ、大きさも、角の丸みもまさにこれ。うん、合いそうだ。合うぞ、合うぞ、こうかぶせてフタをして最後にパチッとこう、パチッとこう……パチッと……合わない。わずか二ミリほど横幅のほうが違う。

いやまてよ、わずか二ミリだから、縦幅のほうは合ってんだから、強引にこう押しつければ、パチッとこう、……パチッと合わない。

角の丸みのところが微妙に違う。

このあたりからかなりイライラしてくる。

大体ね、こういうものは各社が協定してサイズを申し合わせて作ればいいのよ、まーったく、日本の会社ってそういうとこがダメね。ん？　まてよ、このハコとこのフタ、ちょっと大きすぎるけど、白っぽい色が同じだから合うはず、やれやれ、まーったく、こうしてフタをこうかぶせて、こう押しつけてパチッと……合わない。

理不尽《りふじん》だし、イライラするし、呆然とするし、ありえないのよね、こういうこと、わたしフタを失くしたこと絶対にありません、うん、そうだ、さっきはイライラしていたからいい加減に合わせて合わないなんて決めつけたけど、今度は冷静に合わせてみれば合うかも……エート、これとこれだったわね、これとこれをこう合わせて、しっかし、何で合わないのーッ、こんなに色も形もほとんど同じなのに、何で合わないのーッ。

こうしたごちゃごちゃにしてしまってあるのではなく、いま普段使いにしているタッパのフタも、ある日突然失くなる。

普段使っていて信頼しているタッパのハコであるから、もうすっかり安心して鍋の中の残り物を詰めこみ、さてフタを、といつもしまってあるところを探すと……ない。

ないはずないものがない。

ないはずないのよねッ、なんて、やや金切り声になって探すがない。

信頼していたのに、というところがいかにもくやしい。

結局見つからず、くやしい思いをしながらラップでフタをし、ラップのフタがヘナヘナしているところがもう一度くやしい。

それを冷蔵庫にしまっても心が晴れない。

本来ならば、タッパのフタをピシッとし、自分の心もピシッとしていられるはずなのに、まーったくしょうがないフタだ。

そうしていずれこのタッパも、あのごちゃごちゃの仲間になっていく。

こうしてごちゃごちゃはどんどん増えていく。

ハコとフタが合わないなら、もはやタッパの役目を果たせないわけだ。ゴミ同然のわけだ。
だったらさっさと捨てるべきなのだがタッパは捨てられない。
タッパというものはなにしろ容器であるから一つ一つがかさばる。
それでなくても狭くて限られた収納場所の場所ふさぎとなる。

だけどタッパは捨てられない。

手袋や靴下も、片っぽうがなくなっても捨てるフンギリがなかなかつかないが、それ以上にタッパのフンギリはむずかしい。

なにしろどこも傷んでおらず、形も変わらず、次に来るべきときがくればすぐにでも使用できる現役感に満ちている。だが、次に来るべきときは永遠に来ない。

さっきからフタフタと、フタのほうばかり責めているが、よく考えてみればハコのほうも同罪だよね。

（『おでんの丸かじり』所収）

コンニャクと日本人

「自分とコンニャクはどういう関係にあるだろうか」

ということを一度でも考えた人はいるだろうか。

なぜこのような問題をいきなり提起したかというと、日本人であるならば、一度は考えなければならない根元的な問題であるからだ。

コンニャクと日本人。

この問題の根は深い。

たとえば、

「自分とおにぎりはどういう関係にあるだろうか」

という問いかけには、多くの人がすぐに答えることができると思う。

「自分とコロッケ」「自分とラーメン」「自分とかつ丼」、いずれもすぐに何か言えると

コンニャクにとってアブナイ人

思う。

だがコンニャクとなると、すぐの返答はむずかしい。

「とりあえず一晩考えさせてくれ」

ということになるのではないか。

いま述べた、おにぎり、コロッケ、ラーメン、かつ丼には誰もが思い入れが深い。

身内という思いがあるが、コンニャクに対しては急に他人行儀になる。

「コンニャクねえ……。見た目がよくないんだよね。四角くて、色が浅黒くて、ところどころ吹き出物みたいな点々があって、何だかどんよりした気配がただよっていて、じーっと見つめていても何を考えているかわからないところがあるんだよね」

同じような形の豆腐と比べてみると、豆腐は白くて、明るくて、清々《すがすが》しい。何を考えているか、大体の見当がつく。

コンニャクのほうは全体の印象が不気味。

たとえばコンニャクについて何も知らない外国人に、いきなりコンニャクを投げつけてみよう。

ちょうど顔のあたりに当たったりすると、百人が百人、

「キャーッ」

と叫んで飛びあがるはずだ。

何回も何回も踏んづける人もいるだろう。たたきつける人もいるにちがいない。たたきつけると、生き物のようにブルブル震えるから、いっそう人に恐怖を与える。

お化け屋敷では、暗闇の中に、コンニャクを人の顔のあたりにぶら下げておき、それで頬をなでられると日本人でも百人が百人飛びあがるという。

コンニャクを英語の辞書でひくと、デビルズ・タンと出ている。

どうやらコンニャクは、食べ物というより、そっち系の小道具に適しているのかもしれない。

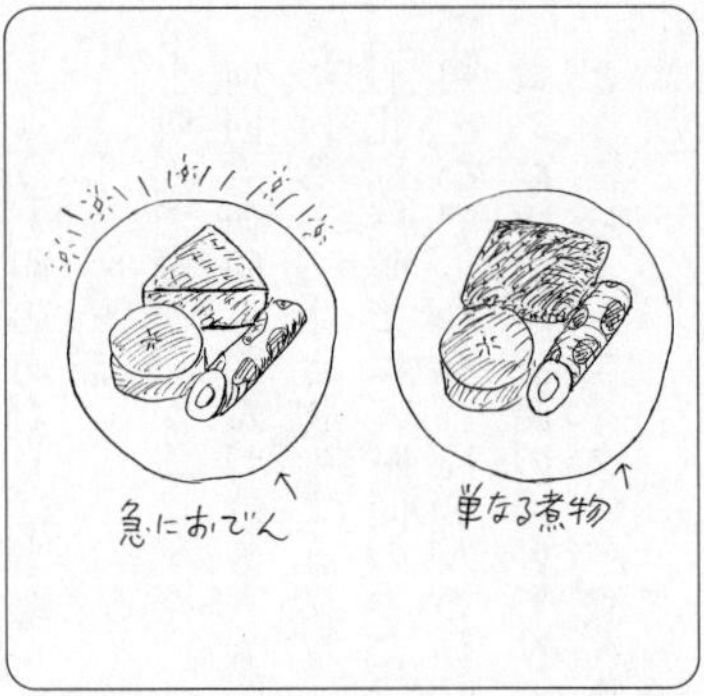

コンニャクを食べている人種は、日本人のほかに韓国人とマレーシア人ぐらいだという。

そのほかの国の人々はコンニャクを相手にしない。

だが日本人は相手にする。

執拗《しつよう》に相手にする。

われわれ日本人は、コンニャクに何を求めているのだろうか。

そもそもコンニャクはどのようにして作られているのか。

コンニャクは里芋科に属するコンニャク芋から作る。

里芋は根菜類の中でもかなり醜悪《しゅうあく》な形状をしているが、コンニャク芋はもっと醜くてもっと大きい。

その醜悪な芋を皮つきのまま薄切りにして乾燥させる。それを粉末にする。粉末からグルコマンナンという糖質だけを取り出す。湯に溶かし石灰乳などのアルカリ凝固剤を用いて固める。

どうですか、この手間ひま。

里芋なんかは茹でただけでもう食べられる。

ふつうだったらこの手間の途中で嫌になって食べるのを諦める。

なのに執拗に諦めない。

こうしてようやく出来あがったものを食べてみると、まるで味がない。

匂いがない、色が暗い。見た目がよくない。噛み心地はデビルズ・タン。

味がないから味をつけようとする。

すると、これがまたタチが悪いというか、根性が曲がっているというか、味を寄せつけない。拒否する。

コンニャクに味をしみこませるのは一大事業なのだ。


棒でたたく、味がしみこむ表面積を増やすために手で千切る、切りこみを入れる、長時間煮る。

これを人間関係にたとえるとどういうことになるか。

まず形が醜悪ということを考えてください。

そういうものに言い寄ったわけです。

このあたりからしてすでにヘンだと思いませんか。

そうしたら、何と、向こうは拒絶したのです。

それでもこっちは諦めない。

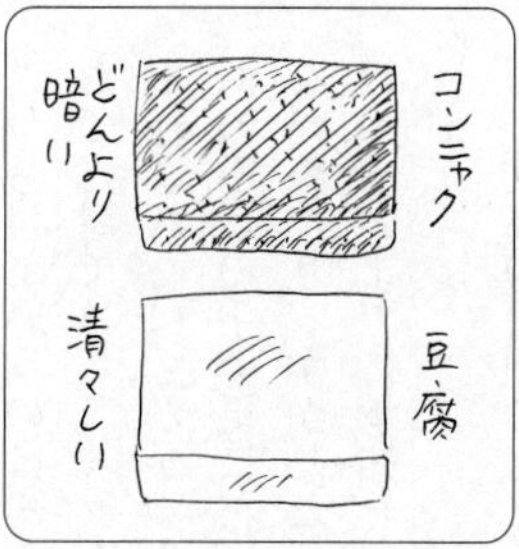

こっち、というのはあなたのことです。

おでん屋でコンニャクを食べてるあなたです。

拒絶されたにもかかわらず、あなたは諦めない。

あの手この手で更に言い寄る。

なだめたり、すかしたり、棒でたたいたり、薄く切ったりして交際を迫る。

相手はいまだに承知したのか、してないのかわからないのに、勝手におでん屋で食べてしまう。

この文章の冒頭のところの、

「自分とコンニャクはどういう関係にあるだろうか」

の答えは、実はこれだったのです。

おでん屋で、

「何か適当に見つくろって」

と注文し、おやじがコンニャクを見つくろわないと、

「あ、そこにコンニャク入れて」

と、相手はいまだに嫌がっているのに強引に皿に連れこむ。

あなたに限らず、

「日本人は、みんなコンニャク・ストーカー」


（『サンマの丸かじり』所収）

食べる前に見よ

食べ物は食べるためにある。

「あたりまえやんか」

と言う勿《なか》れ。

食べ物は鑑賞の対象にもなる。

われわれは食べ物を食べ物としてだけ見ているが、それは片寄った見方なのだ。

たとえばスルメ。

実に面白い形をしていると思いませんか。

頭が三角。正真正銘の三角。それだけでも愉快なのに、その下に付いている胴体がこれまた三角。

その三角の下には、こともあろうにユラユラとヒモみたいなものが十本。九本とか十一本とかではなく、全員十本きっかり。

その十本の足にはことごとくイボ。

そのイボはどの足にもびっしり付いていて、一本ぐらいイボなしがあってもいいのに手抜きなし。

そしてペッタンコ。

人間がこしらえたものならともかく、このものがかつて生きて海の中を泳いでいたとはとても思えぬペッタンコ。

これをこのまま額縁に収めれば、法被《はっぴ》や扇子《せんす》などといっしょに、日本情緒の一つとして外国人がお土産に買って帰って部屋に飾っても少しもおかしくない。

鯵の開きだって十分鑑賞に価《あたい》する。

頭さえきちんと二つに割って左右対称のシンメトリーの美。

骨の展開、ゼイゴの行列。

ぼくは『干物のある風景』（東方出版）という写真集を持っていて、これは全頁ことごとく干物の写真。

ししゃも、かます、めばる、かれい、鯖《さば》、塩鮭、開き、丸干し、何でもござれ、その一匹一匹をつくづく眺めて飽きることがない。

ということは、食べ物が鑑賞に価するということを如実《にょじつ》に示している。

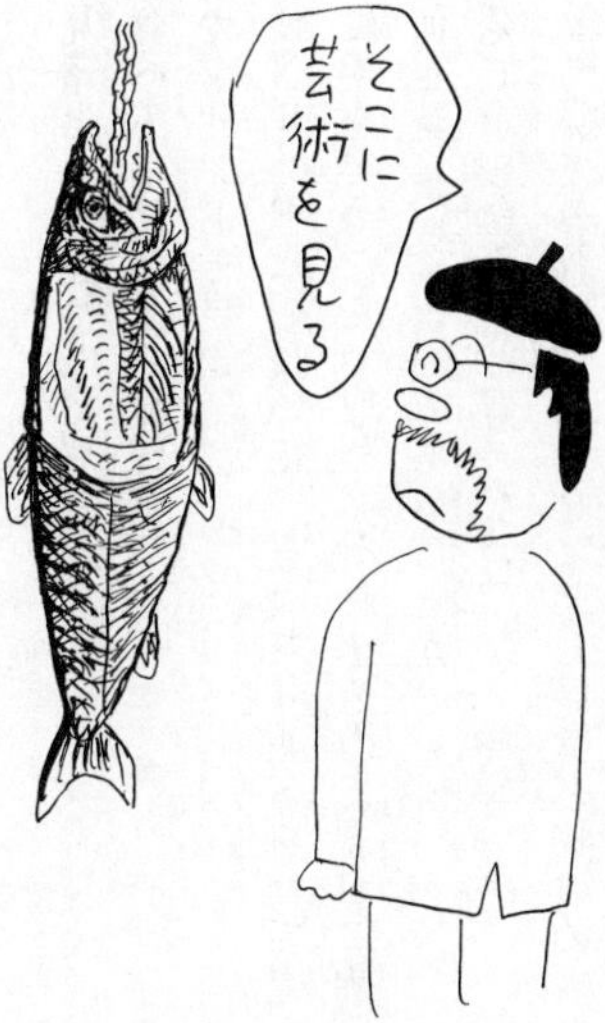

エ？　塩鮭？　あんなもの、見て楽しいの？　だって？

高橋由一の塩鮭の絵、教科書にも載っていて見たことありますよね。荒縄で吊るされた一匹の塩鮭。

しわしわと光る銀鱗《ぎんりん》、その一部を切り開いて現れる生々しい肉肌と骨格。

何物かを見据えているようなカッと見開いた鋭い目。

大きく開いた口の中の歯の並び。

塩鮭が芸術品になっているではないですか。

高橋氏はこの塩鮭に、胸の中の何かを託したのだ。

そしてセザンヌ。

セザンヌというとまっ先に頭に浮かぶのは静物としての果物。リンゴ、オレンジ、桃、西洋梨……どうです、果物も鑑賞に価する。

食べてもおいしいが見ても楽しい。われわれは、見ても楽しい、という部分を見落としている。

見落として生活している。

食べる前に見よ。見て楽しめ。

カツサンドも見よ。

カツサンドは細長い箱にきっちり並べられて売られていることが多い。食べる人はそこに手を突っこんで取り、それをそのまま口に持っていく。

何と貧しい食習慣であることか。

見てから食え、と言いたい。

よく見てみれば、あんなに楽しい食べ物はめったにありません。

切り口です。

魅力に満ちあふれた切り口。

楽しそうな切り口。

うんうん、このようにトンカツの肉が切断されて、このようにコロモも切断されて、

パンも同時に切断されて、切断という言葉がこんなにも生々しく臨場感を伴って胸に迫ったことってこれまでにあったでしょうか。

切断美。

切断美というものがいま目の前にあるというのに、みんな、ただ箱に手を突っこんでムシャムシャ。

ぼくは特に肉の部分の切断美にハゲシイ感動を覚える。

厚さ二センチ、感動の二センチ、豚肉色をした二センチの豚肉が、ああ、このように切断され、こんなにも生々しく肉肌をあらわにしていま目の前にある。

カツサンドの断面は何といっても豚肉の魅力、牛《うし》肉ではダメで豚肉、ああ豚肉、こうして豚肉、そして豚肉、何だかよくわからないがどうしても豚肉、と、目つきはいつのまにかウットリ。

カツサンドは作りたてのものはあまり美しくない。

カツの上と下の部分のパンが離ればなれになっていてよくない。

パンはカツ全体をすっぽり包みこんでいなければならない……が、ほんの少し、一・五ミリほど開《あ》いている、というのが好ましい。

何て言うのかなあ、すっぽり包みこんでしまうとカツの立場がない、というか、カツが息苦しい、というか、パンのカツに対する心づかいみたいなものが感じられて、このあたりのところに美談を感じる。

と、このように、どんな食べ物も見てから食え、見ればそこにそれなりの美を発見することができる、ということをここまで書いてきた。

こうなったら破竹の勢い、タラコはどうだ。そこでタラコを皿の上にのせてじっと見つめた。

さっきから見つめているのだが、どうも何だか楽しくない。タラコは全体がノッペラボウで、とっかかりがまるでない。ここに目をつける、という目のつけどころがどこにもない。裏返して見ても何もない。ない、といったら、ない。皿の上にあお向けにグターと横たわっているだけ。

いま、あお向けに、と書いたが、あお向けかどうかもわからない。

タラコだけは、さすがの高橋由一さんも、

「参った」

と言うにちがいない。


（『メンチカツの丸かじり』所収）

駅弁は縮んでいるのか

かつて『「縮み」志向の日本人』という本がベストセラーになったことがあった。韓国人の李御寧《イーオリョン》という人が書いた本で、日本人は小さいものに美を認め、あらゆるものを「縮める」ところに日本文化の特徴がある、ということが指摘されている。扇子がそう、盆栽がそう、俳句もそう、そうした発想がトランジスタラジオの開発につながっていったのではないかとしている。

当時、ぼくもこの本を読んで、

「扇子に目をつけたところがスルドイ」

と思ったものだった。

縮み志向で考えると、駅弁なんかもまさにそう。せいぜい本一冊ぐらいの大きさのものに、ありとあらゆるおかず、考えうる限りのお

迷い箸はいけないのよね
何をどう迷うのか？
ワンカップ
鶏そぼろ駅弁

かずとゴハンが詰めこまれている。

幕の内弁当で考えてみよう。

まずカマボコ、厚焼き玉子、ブリの照り焼き、エビの天ぷら、椎茸の煮たの、ニンジンの煮たの、レンコンの煮たの、フキの煮たの、昆布の佃煮、お新香、こうやって書いていても嫌になるぐらいのおかずが、これでもか、まいったか、と詰めこまれている。

少なくとも10品目。

こんなことで驚いてはいけません。

30品目の食材が入っていることを売りものにしている「30品

れている。

「エ？ 30品目も⁉」と驚いている場合ではありません。「50品目バラエティ弁当」というものも売り出されている。

せいぜい10品目程度の幕の内弁当でも、いざ食べる段になると、カマボコをかじり、次はエビ天いこか、それともブリの照り焼きにするか、それともここらでゴハンを一口いくか、と、目玉は常に目まぐるしく動きまわり、箸は弁当の上をさ迷い、急ぐ必要など少しもないのに気ぜわしく、息さえ荒くなっていくのに、もし、これが30品目弁当だったらどういうことになるか、まして50品目弁当だったら……目は血走り、箸の動き右に左に激しく、心は千々に乱れて乱れ食い、手足意味なく宙を舞い、阿波踊りのごとき様相を呈することになるにちがいない。

が、これが嬉しい。

気ぜわしく、喜びのあまり全身を躍動させながら食べるところに駅弁の楽しさがある。

が、駅弁の世界は奥が深い。

悠然、おっとり、ゆったり、のんびり食べる駅弁もある。

50品目弁当がある一方で一品目弁当というものもあるのだ。

50対1。

一品だけで勝負。

たとえば小田原の駅弁「とりそぼろ」。弁当のフタを取ると、そこに見えるのは鶏そぼろだけ（ところどころにグリーンピース）。

いくら眺めていても鶏そぼろだけ。

50品目弁当のときは、あんなに忙しく動きまわっていた目玉は止まったっきり。動かしてもいいのだが、動かしても同じ風景だから意味がないので動かさない。

いちめんのなのはな、一面の鶏そぼろ。

幕の内弁当的賑やかさに慣れている身には、荒涼、という気がしないでもないが、じっと見つめているとだんだん旨そうに見えてくる。

こうなってくると、人間、覚悟ができてくるもので、この一品勝負弁当を、おっとり、ゆったり、のんびり食べてみようじゃないか、という気になってくる。

こういう弁当は、右端からだろうと、左端からだろうと、どこから食べ始めてもいいはずなのだ

が、人間の考えることは意外に約《つま》しいもので、きちんと左端の角《かど》のところから食べ始める。

鶏そぼろをこぼさないように一口食べ、味わい、飲みこみ、さて次は、という心境になる。

幕の内弁当に慣れきったカラダはどうしたってそういうことになる。

だが、そこにあるのはそぼろ飯《めし》。

一口目、そぼろ飯。二口目、そぼろ飯。三口目、そぼろ飯。

食べても食べてもそぼろ飯。

たまには他のものも食べてみたい、と思ってもそぼろ飯。

箸の作法に迷い箸というのがありますね、次はどれにしようかな、と、食べもの上で箸を迷わせるやつ。

そういうことをしてはいけない、というやつ。

してはいけないんだけど、この場合は迷いようがないわけだから、するはずがないのに、ふと気がつくとしてるんですね。

一面の鶏そぼろの上で迷い箸をしている。

でもこういう一品目駅弁は、作る側にしたらラクだと思うな。幕の内弁当だと、カマボコや厚焼き玉子などの配置や配色に気を使わなければならないが、鶏そぼろ弁当はそういう気づかいは一切要らない。しゃもじで詰めこむだけ。

配置といったって、そんなものあるはずもなく、配色にしても、どこをどう配色すればいいのか。

ここでふと気がついたのだが、同じ一品目駅弁でも、鶏そぼろ駅弁とは毛色の変わった種類がある。

ちょっとエラそうにしてるやつ。

イクラだけ駅弁、ウニだけ駅弁、牛肉だけ駅弁のたぐい。

なーんかエラそうにしてるんだよね。

このたぐいの駅弁は。

「お上《かみ》にもお慈悲はあるぞ」的な、

「どうだ、こんなにたっぷりだぞ」的な。

（『バナナの丸かじり』所収）

ある日のさだお

わがスーパーの定番

人それぞれに違うと思うが、スーパーマーケットに行くと迷わず手が出て、迷わずカゴに入れてしまうものが何種類かあると思う。

〝わたしのスーパーの定番もの〟とでもいうようなもの。

ぼくの場合はまず「味付きタコ」。

小ぶりのタコが半匹分ぐらいパックされていて、このタコには独得の味がついている。

まず醬油、そして少し甘味があり、酢もほんの少し加わったような味で、この味の付け方がとてもいい。

色は明らかに人工着色料の色でオレンジっぽい色をしている。

最近気がついたのだが、これはどこのスーパーにもあるという製品ではなく、Sストア独得のものであるようだ。

　これが棚に並んでいるのを見ると迷わず手が出て迷わずカゴに入れる。

　まるでもう〝自動装置〟のようだ。

　このタコの足を、一センチぐらいの長さにブツブツ切ってヨージで刺して食べる。ビールにとてもよく合う。

　マヨネーズを少しつけて食べるのもおいしい。

　たまに「味付きタコ」が切れていて棚にないときは心底悲しい。

　その次が魚肉ソーセージ。

　どこのメーカーの製品でもいいのだが、ぼくが買うのは、長さ十五センチぐらいで細めのが四本入ってワンパックになっているやつ。一本一本がオレンジ色のフィルムでパックされていて、その両端がアルミの輪で閉じられている。

大抵のフィルムパック製品は、「ここから破る」というきっかけのところが矢印などで明示されているものだが、この魚肉ソーセージに限ってそれがないのが魚肉ソーセージの昔からの伝統なのである。

そういう伝統を守り抜いているところがとてもエライと思う。

このフィルムの正しい剝き方がいまだによくわからない。

アルミの輪の下のあたりを歯で食い破ってきっかけをつくり、そこから下にズルズルと剝いていくというのがどうやら正式らしい。

フィルムは相当強靱なので、食い破るときかなり凶悪な面相になるが、凶悪な面相になるのが正式らしい。

フィルムをズルズル剝いていくとき、フィルム側にソーセージの肉が少しくっつく場合があるが、この肉はそのまま放置せず、歯でこそげ取って食べるのが正式らしい。

このソーセージも色んなもので味付けされているのだが、その味付け具合が何ともいえずいい。これもビールに合う。おやつに食べてもおいしい。

それから麵類やゴハン関係のところへ行って、レンジで二分のパックめしを買う。

このパックめしはメーカーによってずいぶん味が違うから気をつけたい。

ぼくが買うのは、玄関から説き起こしたCMの製品で、いつも「お買得！　三食セット」というのを買うのだが、三食セットを買うといくらお買い得になるのか知ろうと思いつつ、いまだに判明していない。

次に缶詰ビン詰のところへ行く。

ここへ行くと必ず買うのがM社の「茎わかめ」というビン詰である。

一見ビンも中身もネーミングも地味なビン詰なのだが、これがおいしい。

「にんにく唐辛子入り韓国風」で、ちょっぴり辛く、茎わかめの歯ざわりもよく、最近のビン詰の傑作だと思う。

お酒を飲んでいて、もうおなかは一杯だが酒のアテが少し欲しいというときなどにまさにうってつけといえる。

それからサンマの味付缶詰にもなぜか手が出る。

これはあんまり理由はなく、〝手が出る〟としか言いようがない。

ずーっと昔からつい手が出て、いまだについ手が

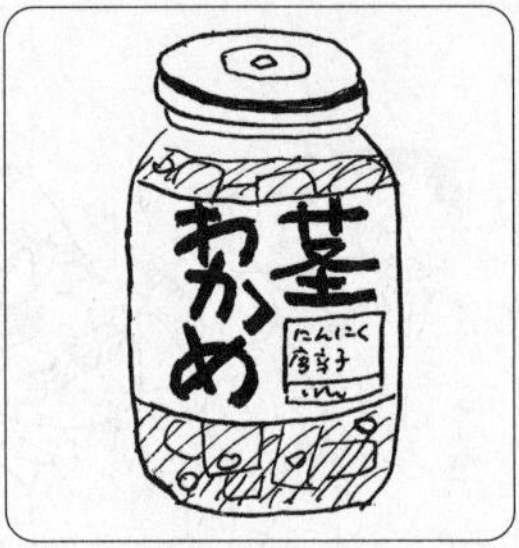

出てカゴに入れる。

下宿時代からの、文字どおりの生活習慣病というやつかもしれない。

お惣菜などのところへ行くとどうしても「わさび漬け」に手が出る。

どうしても手が出る。見ると買わずにいられない不思議なやつだ。

今回は、ま、いいや、なんていって、買わずに通り過ぎ、やっぱり戻ってきてカゴに入れたりする。

だがこのわさび漬けは、買って帰って冷蔵庫を開けると、前回買ったものがまだたっぷり残ったままやや干からびて残っていたりする。

わさび漬けを最後までしっかり食べ切る人っているのだろうか。

前回買ったものがまだかなり残っている時点で、次のを買ってくるというのがわさび漬けの正しい買い方なのかもしれない。

飲料関係のところでは「アロエヨーグルト」に手が出る。

ふつうのヨーグルトのほうではなく「のむ」ほうの背の高いやつ。

これもスッと自然に手が出るのだが、なぜかいつも二本しか買わない。

なぜ二本なのか、四本じゃダメなのか、今度、一度ようく自分自身に問いただしてみようと思っている。

いよいよ冷凍食品。

なぜ冷凍食品が〝いよいよ〟なのか。多分、冷凍食品は一番最後に買うものなので、それでいよいよ感がわいてくるのだと思う。

このコーナーで最近発見して大いにお気に入りになったものがある。

冷凍の「いそべ焼き」です。

電子レンジでチンして食べるアツアツのいそべ焼き、これがおいしい。

いそべ焼きは夜中に食べると特においしい。

お酒も飲み終わった深夜の台所に、醬油のこげる独得の匂いが立ちこめ、アツアツのやつをレンジから取り出してハフハフと食べるいそべ焼き。

たまらんです。

（『猫めしの丸かじり』所収）

懐かしの海苔だけ海苔弁

久しぶりに海苔弁を食った。

いやあ、旨かったです。

それに懐かしかったです。

そしていい匂いだったです、フタを開けたときの醬油のしみた海苔の匂い。

その昔、中学生のとき、高校生のとき、よく食ったあの海苔弁。

海苔弁だとどうしても、食った、になる。

食べた、では海苔弁の感じが出ないのです。

弁当箱にゴハンを詰め、海苔でおおって上から醬油をかけまわしただけの海苔弁。

最近のコンビニなどの海苔弁と称しているものは、海苔の上にチクワ天やシャケなんかがのっかっているが、あれは本家本元の海苔弁ではない。

海苔弁当局の見解を求めるものである
二段海苔弁は
一段ずつ食べるのが正しいのか
垂直掘削方式で食べるのが正しいのか
どっちなんだァーッ

許さん、ああいうのは。あっち行け。

海苔だけの海苔弁は売ってないので自分で作るよりほかはない。

何の番組で誰が言ったのか忘れたが、話の流れの中で海苔弁という言葉が出た。

そうしたら急激かつ猛烈に海苔弁が懐かしくなった。食いたくなった。

「食ったろやないけ、こうなったら」

と鼻息が荒くなり、

「超本格的な海苔弁を作ったろやないけ」

言葉が荒くなったのは、青春

の熱い血が体の中に甦ったからである。

われわれはふだん、旅館の朝食で海苔が出てると、これを醬油につけてゴハンを食べる。

海苔弁もまた醬油につけた海苔でゴハンを食べる。

同じ食べ方なのに決定的な違いが一点だけある。

何だと思いますか。

時間です。時間の経過。

中高生のときの海苔弁は、朝作ったものを学校へ持って行って正午に食べる。

旅館のは作ってすぐ食べる。

朝の七時ごろ作った海苔弁を正午に食べるとなると五時間が経過していることになる。

すぐと五時間の差。

しみこむわけです、お醬油が、海苔に、ゴハンに、五時間の間に。

五時間かけて醬油が海苔とゴハンにしみこんだ海苔弁、ああ早く食ってみたい。

作るからには超本格的本家本元海苔弁にしたい。

まず弁当箱。

当時の弁当箱はアルマイトだったから、史実にのっとってそれでいこうと思った。

そう思って弁当箱を買いに行ったのだが、いまはほとんどプラスチックなんですね、タッパーウェアみたいなのばっかり。

ようやく一つだけ見つけたのだが、これもフタはプラスチックだった。

このように超本格的を目ざすと、難関が次々に立ちはだかる。

正午に食べる、五時間後に食べる、これを守るには朝の七時に弁当を作らなければならない。

海苔弁のために、わざわざ朝七時に起きなければならないことになった。

朝七時に起きて海苔とゴハンと醤油を用意する。

ほんとにもうタクアンも梅干しも何にもなしでドカ弁をペロリと食べてしまいましたの
ゴメンアサアセ
オホホホホ

ゴハンは「レンジで2分」のパックめしでいくことにする。

パックめしをチンして弁当箱に詰める。

この弁当箱はかなり大きくて、パックめしが二個半入った。

熱いゴハンを弁当箱に詰め、シャモジで四隅に均《なら》すのだが、こんなどうってことないことが意外に楽しい。

二段式にするつもりなので、弁当箱半分ほどになったところで、弁当箱よりひとまわり大きく切った海苔をかぶせる。

海苔は時間の経過とともに縮むから、それを防ぐために海苔の四辺を箸で中へ押し込んでいく。

こんなどうってことないことが、これまた楽しいんですね。

ここで醤油をかけまわす。

醤油は海苔の上で二、三か所にたまってしまうので、シャモジで全域に散らすように均す。

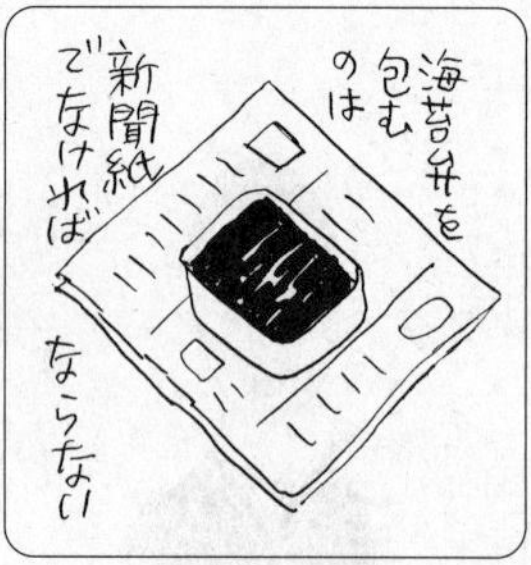
海苔弁を包むのは
新聞紙でなければならない

このどうってことないはやはりどうってことなくてそれほど楽しくないんですね。

もう一段ゴハンをのせ、海苔をかぶせ、醤油をかけまわしてフタをする。

史実にのっとり新聞紙で包む。

それを仕事場の机の脇に置く。

中高生のときはこれをカバンに入れて電車に乗るわけだから、このまま机の脇に置いておくわけにはいかない。

仕事をしながらときどき弁当箱をゆする。

お昼が待ち遠しくてならない。

正午。

きっかりに弁当箱を引き寄せる。

いよいよフタを開けるのだ。

ふつう、弁当のフタを開けるときは、「さあ、どんな弁当かな」と思うものだが、なにしろ自分で作ったのだからその全てを知っている。

でも弁当のフタを開けるのは楽しいものなのだ。

開ける。

作った通りの弁当がそこにあった。もし違っていたらコワイが、弁当箱の中は全域海苔、どこもかしこも海苔。

むせかえるような海苔の匂い、醬油の匂い、醬油のしみたゴハンの匂い。

ウーム。醬油と湯気でグズグズになった海苔がゴハンに合う。

稲荷ずしは作りたてより時間をおいたほうが旨いというが、そう、海苔とゴハンが〝ヅケ〟になっている。

一口食べ、二口食べ、さてこのへんで、と、史実にのっとって包んであった新聞をガサゴソ広げて読み始める。

（『いかめしの丸かじり』所収）

納豆を味噌で

納豆を味噌で食べる。

納豆といえば醬油、この慣習を大和民族は何の疑いも持たず連綿と続けてきた。

その納豆を味噌で食べる。

このことを思いついた人はこれまで誰一人としていなかった。

納豆に味噌で味をつけてゴハンを食べたらどんなことになるのか。

これまでナンピトもこのことに思いが及ばず、試した人もいなかった。

いえ、ウチのほうじゃ昔から納豆には味噌だでよ、という声が名古屋あたりからかかりそうだが、それは聞こえなかったことにして大急ぎで話を先にすすめたい。

とにもかくにも、大和民族はほとんど脊髄《せきずい》反射的に納豆には醬油を選んできた。

盲点といえば盲点、迂闊《うかつ》といえば迂闊であった。

この、日本列島を震撼《しんかん》せしめるような衝撃的なアイデアがぼくの頭にひらめいたのは、二〇〇五年三月一日未明のことであった。

その瞬間、霊峰富士の上空に雷鳴が轟《とどろ》き、琵琶湖の水面から幾万という鮎が飛び跳ね、北朝鮮の白頭山では千羽の白鷺《しらさぎ》がいっせいに飛び立って朝日の中に消えていったといわれている。

やがてぼくは〝納豆に味噌の開祖〟として知られるようになり、広辞苑にその名が載るようになるのだ。

と、ここまでは話が順調にすすんできた。

問題は、納豆に味噌ははたして合うのか、ということである。

合って欲しい。いまとなってはそう祈るばかりだ。

もともと納豆汁というものがあって、納豆と味噌は汁物としては合うことがわかっている。

ゴハンのおかずとしてはどうなのか。

これほどの大騒ぎをしておいて、やっぱり合いませんでした、では引っこみがつかない。

ここまできたらもうあとには引けない。試してみるよりほかはない。

冷蔵庫から納豆と味噌を取り出す。

味噌はそのへんで売っているごくふつうのやつ。納豆は本小粒。

納豆を小鉢にあける。掻《か》き混ぜる。ニチャニチャニチャ。

そこへ味噌を混ぜる。味噌はダシとか水とかでゆるめずそのまま。バチバチバチバチ。

粘りがすごい。水分がないせいか、箸と納豆の間に大きな膜が張り、それが破れるたびにバチバチと音がする。粘りで箸がしなうほどだ。

かくして味噌納豆が出来あがった。

ひとかたまりを熱いゴハンの上にのせる。

いま口に入れたところだ。

オオッ、オオッ。

なんということだ。

テレビ東京の「なんでも鑑定団」風に言えば、「驚きの結果に場内騒然」ということになる。

いけるのである。

まるで違和感がない。意外に味噌の味が突出してこない。

「エ？　これ醬油じゃないの？　これで味噌なの？」

と言いたくなるほど味噌が顔を出してこない。

それでいてやっぱり味噌なのだ。

大急ぎで納豆が「仲間だ仲間だ」と豆仲間の味噌を取り込んで隠してしまい、ウチには居ませんよ、と言っているのだが、そこはかとなく居留守がばれる、といったような不思議な味わい。

こういうことも言える。

納豆に醬油が〝ゴハンのおかず〟なら、納豆に味噌は〝酒のサカナ的ゴハンのおかず〟である。

二口目はネギを混ぜてみる。

大粒の納豆のほうは
酒のサカナの一品
料理になる

ネギを入れた味噌納豆を熱いゴハンの上にのせて口の中に入れる。

その結果に場内少し騒然。

ネギのシャリ感が際立っている。

醤油だと、醤油は水分であるからすぐにネギにしみこんでネギをクタッとさせるが、味噌は水分がないからその分シャリシャリが際立つ。

そういえばネギ味噌というものがあるわけで、そのネギ味噌に納豆を加えたことになり、こうなってくるとどんどん酒のサカナのほうに近づいていく。

白味噌も試してみる。

納豆に白味噌を混ぜ、ネギも入れて熱いゴハンで一口。

その結果に場内唖然《あぜん》。

物足りないのである。

ゴハンのおかずとしては塩気が足りない。

そこでそこに醤油をほんのひとたらし。

その結果に場内憤然。

そもそもこの実験は醬油を使わないというのが大前提ではないのか、と憤然となったのである。

でも結果そのものはよかった。

とてもよかった。白味噌に醬油という取り合わせが面白い味だし、そこにもともと醬油と合性のいい納豆が加わったわけだからわるかろうはずがない。

はずはなかったが意味がなかった。

結論を急ごう。

あんなに騒いだわりには、新しい味の大発見、とか、大興奮とかにはならなかったが、いままでとは違ったそこそこの味は楽しめるということは言えるわけで、ま、気軽に試してみてはどうですか、損にはならないと思いますよ、と、最後はかなり弱気になっています。

やっぱり納豆は醬油かな、なんて気がしないでもないです。

富士山の雷とか、白頭山の白鷺も、なんなら取り消してもいいです。

（『パイナップルの丸かじり』所収）

ビールをお燗《かん》して飲む

ビールは冷たいのがおいしい。

こんなあたりまえのこと、書いていて恥ずかしい。

ぬるいビールはまずい。

これだっていまさら何を言ってるのか。

といったように誰もがあたりまえと思っていることが、一挙に覆されるような出来事があったからこそ、こうして恥をしのんで書いているわけなのです。

ふつう、ビールは冷たく冷やして飲む。

ぼくの場合はふつうの冷やし方よりもう一段階冷たいのが好きで、冷蔵庫に入れておいたのを飲む寸前、五分間、冷凍庫に入れてから飲む。

もちろんグラスも冷凍庫で冷やす。

牛肉のビール煮なんてものもあることだし
温めても不思議なことではない

ぬるいビールだったら飲まないほうがまし、というくらい冷たいビールが好き。

ビールは冷え冷えに冷たくてこそのわたくしが、いいですか、そのわたくしがですよ、いまこうして台所のガス台の前に立って鍋に湯を沸かし、耐熱ガラスのコップにビールをそそぎ、そのコップを湯の中にひたそうとしているのです。

ビールをお燗《かん》しようとしているのです。

しかもうんと熱燗にして飲もうとしているのです。

なんだかもう頭がクラクラしてくる。

やってることがふつうじゃない。

世間の常識のすべてを覆している。

おれはいまビールを煮ているのだ。

一体おれは何をやっているのか。

ビールを煮るなんて、何ていうことをおれはしてカントロプス・ペキネンシス?

なぜこのようなことになったのか。

つい先日、地ビールが飲みたくなって、地ビールばかりたくさん揃えてあるというビヤホールに出かけて行った。

JRの両国駅の近くにある「麦酒倶楽部POPEYE」という店で、50種ぐらいの地ビールがメニューにある。

地ビールを2、3杯飲んだあと、エート、次は何にしようかなとメニューを見ていくと、片隅に「お燗ビール(NURUBI)」というのがあった。

物はためしとたのんでみると、やってきました、ビールが、湯気を上げて。

コーヒーカップの形をしたガラス製のグラスに、金属製のとってがついている。ビールは黒ビール。

ビールが湯気を上げている。

上面には泡も立っていて、ちょっと見にはエスプレッソに見える。

ここからの全てが初体験となる。

たぶんぬるめのお燗だな、と思いつつグラスに触れると「おう、アチー」というぐらい熱い。

ビールが「アチー」のである。

熱いのでフーフー吹く。

ビールを「吹く」のである。

グラスに口をつけてジルジルする。

ビールを「ジルジルする」のである。

ビールというものは、グラスに口をつけたら一気にゴクゴクゴクと飲むものなのだが、そんなことをしたら大変なことになる。

ジルジルすすっていったんテーブルに置く。ため息をつく。「うーむ」となる。

全てがふつうのビールと違う。

ビールはホップの香りが命だが、そんなものはどこかに吹っとんでいる。

ビールは泡が口の中ではじける刺激が大きな魅

力だがそれもない。

泡は表面に浮かんでいるだけでビールの中のガスはほとんど抜けている。

グラスを口に近づけると、モワッとした匂い、苦くて酸っぱそうな匂いが鼻に吸いこまれる。

味は匂いのとおり苦くて酸味がある。

苦みは際だっていて、改めてビールは苦いと実感する。

ふつうのビールとの最大の違いは、一口飲んで、

「あったまるなー」

と思う点だろう。

これをビールだと言われずに飲んで、ビールだと看破《かんぱ》する人はいないのではないか。

ではまずいのか。

ここなんですねー。むずかしいんですねー。

はっきりとまずいと言えない、言わせない何かがある。

その何かとは、ビールの歴史と伝統と実力かもしれない。

冷やすとか、温めるとか、熱くするなんてことでは壊れない何か。

ドイツではビールのことを「飲むパン」というそうで、パンであるならば熱いビール

はトーストということになり、少しも不自然ではない飲み物の取り入れ方になるではないか、と思わせる何か。

つまり、その店では、お燗ビールはまずいのか、まずくないのかの結論が出なかったわけです。

それで今回、こうして鍋に湯を沸かし、ビールをお燗して飲んでもう一度そのあたりを模索してみよう、こう思ったのです。

で、また、「おー、アチー」とか言いながら、フーフー吹き、ジルジルすすって飲み、「あったまるなー」ということになっていったのだがやはり結論は出ない。

結論は出ないが、おいしくないということだけは確かだ。

だからこういうことは二度とやらないぞ、と思ったのだが、思ったあと、でも多分やるな、と思ったりするあたりがビールの持つ何かだな。

（『メロンの丸かじり』所収）

いじけ酒（其の1）

どうもこの、ぼくにはわれながらヘンな趣味だなあと思う趣味があって、しかし、この趣味、なかなかわるくないなあ、と、大いに気に入っている趣味がある。

いじけて喜ぶ、という趣味である。

いじけている自分がいとしい。

いじけている自分が不憫《ふびん》である。

不憫な自分がいとしい、という堂々めぐりの趣味である。

そんなもの趣味といえるのか、と言う人も当然いると思うが、いじけて喜ぶというのは一種の自虐で、自虐とくればあとはもうスッと自虐趣味という言葉が出てきて、ほら、ね、立派な趣味でしょうが。

趣味にはゴルフが趣味の人、歌舞伎鑑賞を趣味とする人などいろいろいるが、こうい

う人たちはそれぞれゴルフ場、歌舞伎座に行くことになるわけだが、いじけが趣味の人はどこへ行けばいいのか。

どこへいじけに行けばいいのか。

「いじけ会館」とかいうようなものでもあればいいのだが、いまのところはない。

でもぼくにはあるんですね。

そこへ行けばきちんといじけられるという「いじけ会館」が。

居酒屋です。

ごくふつうの居酒屋。

居酒屋に一人で行く。

居酒屋という所は、三人、四人と気の合う仲間でやってきて、ワイワイ、ガヤガヤ、談論風発、和気あいあい、みんな楽し気に飲んでいるものなのだが、その中でポツンと一人、ひっそりと飲む。

わざと一番隅っこの席にすわり、周りの楽しそうな宴席をひがんだ目でチラリと見やり、トクトクと手酌でつぎながら、暗い声で「いいんだ、オレは」とつぶやく。

好きだなあ、こういうの。

日本酒の一番安いのをたのみ、おつまみは小鉢のイカの塩からのみ。

背中をうんと丸め、左手でヒジをついて顎を支え、右手の割り箸の先を塩からの汁にひたしてちょびっと舐め「いいなあみんな、いっしょに飲む仲間がいて」と暗くつぶやく。

好きだなあ、こういうの。

周りの人たちもときどきこの孤独な客をチラと見やり「仲間いないんだ。性格悪いんだ」と哀れんでいるにちがいない。

好きだなあ、こういうの。

趣味として、かなり趣味のいい趣味といえるんじゃないかな。

こういう趣味を半世紀ほど楽しんできた。

だが趣味には注意しなければならない落とし穴がある。

だんだん深みにはまっていく、という落とし穴である。

趣味の中でも特に自虐系はその傾向が強いと言われている。

サディズム、マゾヒズム、いずれも刺激が刺激を呼び、次第にハゲシイものになっていくと言われている。

ぼくの趣味も、最初のうちは〝大勢の中の一人客〟という条件だけで充分にいじけることができた。

だが年月が経つうちに、それだけではいじけられなくなっていったのである。

更なる強い刺激がないといじけられなくなってきたのだ。

つい先ごろ、民主党の女性参議院議員の不倫騒動で、「もっと、ぶって、ぶって」が週刊誌などで報道されたが、ぼくにもその「ぶって、ぶって」が必要になってきたのであった。

〝居酒屋の大勢の中の一人客〟の更なる刺激を何に求めるか。

更なる「ぶって」は何か。

刺激を強めるには、条件を過酷にするに限る。

〝居酒屋の大勢の客の中で一人で飲む〟に、〝昼まっから〟を加えたらどうか、という提案を友人

がしてくれた。

通しで書くと、〝居酒屋の大勢の客の中で一人で昼まっから飲む〟になる。

うーむ、昼まっから……。

これは痛いな。かなりハゲシイナ。相当な「もっと」だな。

昼まから酒を飲むのは誰だって後ろめたい。ふつうの人は昼まは酒を飲まない。

お酒は仕事が終わってから、外が暗くなってから飲む。
昼まっから一杯やっている人は世間から後ろ指をさされる。
陽が当たっているうちから飲むなんて反社会的行為、背徳行為である。
だが、いじけにはこれほど有効な手だてはないのではないか。
みんなが楽しそうに飲んでいる中で、一人で飲んでいじけているのに、そこへ更に、「背徳者！」と後ろ指をさされるのだ。これだったら間違いなくうまくいく。

再びハゲシクいじけられる。

と、ここまでは話はうまくいったのだが、昼ま酒というのはけっこうあちこちで見受けられるということに気がついた。

ビヤホールなんかでは、午後の三時、四時からジョッキ片手の人たちがあちこちで顔を赤くしている。蕎麦屋も昼まから酒を飲んでいい場所として知られている。こういう場所では、昼まっから飲んでいても誰も後ろ指をささない。

ぼくの趣味は、とにもかくにもいじけなければならないわけだから、いじけるには後ろ指をさされなければならない。

後ろ指をさされるには、ビヤホールでもなく蕎麦屋でもなく、やはり居酒屋でということになる。

居酒屋で昼ま酒。昼まからやっている居酒屋。

そんな居酒屋あるのか、と思っていたらあったんです。しかも朝の九時からやっている居酒屋、それが赤羽にあったんです。（つづく）

（『メロンの丸かじり』所収）

いじけ酒（其の2）

朝の九時からやっている居酒屋。

もう一度書くけど、朝ですよ、朝の九時。

朝の九時といえば、商店はガラガラとシャッターを開け、会社ではサラリーマンが、さて、と、ネクタイをしめ直して一日が始まろうとしているそのとき、もう、ビールぐびぐび、「焼き鳥三本、ここ、まだ来ないよー」とか叫んでいる人たちがいることになる。

そんな店あるのか、と誰もが疑うが、あるんです、ちゃんと。

赤羽の「まるます家」。

ここは昔から「朝からやっている居酒屋」として有名なのだという。

朝九時に開店してそのままずっと夜の九時半まで営業しっぱなし。

まるます家で明るくなったS氏
まるます家
金升
まるます家
鯉とうなぎ
創業50年
鯉とうなぎのまるます家
ガラッ
人生明るく素直に生きなきゃ

これぞ〝いじけ酒〟を趣味とする者のメッカといわずしてどこにメッカがありましょう。

前項でも書いたように、ぼくは居酒屋でいじけるのを趣味にしている。

居酒屋に一人で行って、みんなが楽しそうにワイワイ騒ぎながら飲んでいるのを暗い目つきで睨《ね》めまわし、「いいんだ、オレは」といじけながら飲む。

これが楽しい。

暗い目つきをしている自分がいとしい。

というヘンな趣味を持っているのだが、趣味というものはだんだん深みにはまっていくもので、〝居酒屋で一人で飲む〟では満足しなくなり、〝居酒屋で一人で昼まっから飲む〟という、更に過激な条件が必要になってきたのだった。

そういうわけで「まるます家」に行くことになったのだが、いくらなんでも朝の九時は気が引ける。

午後二時、このあたりがいいんじゃないか、いじけるのに適しているんじゃないか、そう思って電車で行ってJRの赤羽駅で降りたのだが、ま、あたりまえの話だがなにしろまっ昼まだから明るいんですね。

天気晴朗、青空くっきり、サラリーマン、銀行マン、営業マン、みんなネクタイしめて忙しげに路上を行き交っている。

駅から昔ながらの商店街を数分歩いて「まるます家」に到着。

ノレンはなく、ズラリと並んだ提灯の下はガラスの引き戸。

戸の前に立ったものの、背後に世間の非難の目をヒシヒシと感じる。

しかしこっちはいじけてなんぼの人、背中がぞくぞくする。

引き戸、開けます。

やってるやってる、店の中央に牛丼屋風のコの字形のカウンターが二列あって、そこにすでに二十人ほどの赤い顔がズラリと並んでいる。

いままさに、プハーと言いつつジョッキを置いた人、徳利をトクトク傾けている人、

お新香の大根をかじっている人、

「こちらイカゲソお待たせぇー」

威勢よく叫んでいる店のおばちゃん。

おばちゃんたちがとても元気だ。

「ハイッ、こちら熱燗いっちょー、お待たせぇー」

「三番さん、湯豆腐お待ちぃー」

いいですか、いま午後二時ですよ。午後二時に熱かんですよ。

三番さんなんか湯豆腐ですよ。

　さすがにネクタイの人は一人だけで、ガイドブックによると、近隣の定年退職の人、夜勤明けの人、タクシーの運転手などが多いらしい。四つほどあるテーブル席では、近所の人らしいおばさんが一人で鰻丼を食べている。
　いきなり日本酒（300円）からいくことにする。いじけ酒にはビールより日本酒のほうが適している。つまみは自分で〝いじけ三点セット〟と称している、イカの塩辛、モツ煮こみ、鯖の味噌

煮をたのむ。

日本酒がきたら、背中をうんと丸めて手酌で飲んで暗くいじけよう。

しかし、困ったことに店内の雰囲気がいやに明るい。みんな楽しそうに飲んでいる。

店内に四人いるおばちゃんたちもやけに明るい。

料理の注文を独得のフシで、

「ハーイ、ワカサギフライいっちょー、入りまぁーす」

と厨房に伝え、

「ハーイ、金升（この店の日本酒）いっぽぉーん、おまちぃぃー」

と客の前に置く。四人とも客に優しく、親身に接し、

「あら、きょうは二本だけ？　体の調子悪いんじゃないの」

とか、「このお鍋のスープ、残しておいたらあとでゴハン入れて雑炊にしてあげるわよ」

など、他の居酒屋とちょっと違った雰囲気をかもしだしている。

まあいい、周りは周り、オレはオレ、さあ、これからいじけるぞ、外は昼まなんだかんな、世間の人は働いてんだかんな、と自分に言いきかせ、目つきも暗くしてなんとか

いじけかかると、

「ハーイ、金升いっぽん、おまちぃー」

と、おばちゃんがニコニコやってきて、

「どお？　おかん熱すぎない？　熱すぎたらぬるいのに替えてきたげる」

と言い、「きたげる」のところが妙になまめかしく、嬉しく、

「ううん、これでだいじゃぶ」

などと少しかみ、下町の人情いまだすたれず、というようなところへ思いは発展していき、みんなこうやって励まし合って生きてるんだ、人間、前を向いて生きていかなきゃと、急に元気になって徳利の酒をコップ状のおちょこに勢いよくつぎ、ぐいと飲み干して更に元気になり、気前も急によくなって金升をもう一本注文し、

「それと鯉の洗い（あるんです）もね」

と、急に高級品をたのむのであった。

どうやら今回の〝「まるます家」いじけ作戦〟は失敗だったようだ。


（『メロンの丸かじり』所収）

一人でお花見

おととしだったかな、この連載でぼくはカミングアウトした。

自分には自虐趣味があることをカミングアウトした。

自分で自分を責めさいなむ、そういうことは誰にでもよくあることだが、それを趣味として楽しんでいる人は少ないのではないか。

でも楽しいですよ、自虐趣味は。

なにしろ苛《いじ》める相手は自分だから、苛めようと思えばいつでも苛められる。

でもって、苛められて喜んでる。

苛める喜び、苛められる喜び、両方いっぺんに楽しめるわけだからその喜びにははかりしれないものがある。

どうやって自分を苛めるか。

方法はいくらでもある。
自分をわざと仲間はずれにする。
誰でもそうだが仲間はずれはつらい。そのつらいことが嬉しい。
仲間はずれにされてつらがっている自分が情けない。
みんなに相手にされないでいじけている自分が惨めだ。
その惨めが嬉しい。たまらない。
時まさにお花見シーズン。
お花見は仲間はずれにおあつらえ向きなのだ。
お花見でどうやって自分を仲間はずれにするか。

簡単です。一人でお花見に行けばいい。

お花見というものは大勢で出かけて行って、大勢で車座になって、飲んで騒いで歌って踊って楽しむ。

そういう人たちのところへ一人で行く。

そういう人たちの中で一人で飲む。

飲めや歌えやの人々の群れの中で、ひとり手酌で飲んで顔を赤くして黙ってうつむいている。

そうしていじけている。

なんて可哀相な人なんだ、なんて痛ましい人なんだ。

不憫《ふびん》がられている自分が愛《いと》おしい。

おとといのカミングアウトは居酒屋で一人で飲んでいじけるという自虐だった。

居酒屋に一人で行って、まわりが盛りあがっている中でひとり手酌で飲んでうつむいているというのもつらいものだが、お花見ということになると、つらさのスケールが大きい。

したがって喜びのほうもけた違いになる。

行きました。吉祥寺の井の頭公園へ。

井の頭公園は上野公園と並ぶお花見の名所で、集まってくる人の数もただごとではない。

花はちょうど満開。しかも土曜日。

井の頭公園の入口は狭いことで有名だが、その人出は縁日の巣鴨のとげぬき地蔵以上。なにしろ前へ進もうと上に上げた片足をおろすのに三秒かかるという想像を絶する大混雑。

その狭い道の途中にコンビニがあって、外から見えるコンビニの中はラッシュのときの電車の中状態。

人々がすぐそばをぞろぞろ歩いている木にハンモックをつってウクレレを弾いている青年
カッコいい？

こんなに人間が詰まっているコンビニ、初めて見た。

花見の客はここで酒とおつまみを買っていく。

ぼくもそのつもりで来たのだが、後ろから押され押されてそのまま公園の中へ。

井の頭公園はまん中に大きな池があり、池のまわりで人々は花見をするわけだが、見渡すかぎりビニールシートがびっしり、ビニールシートの上は人がびっしりで、午後の三時だが公園中が宴たけなわ。

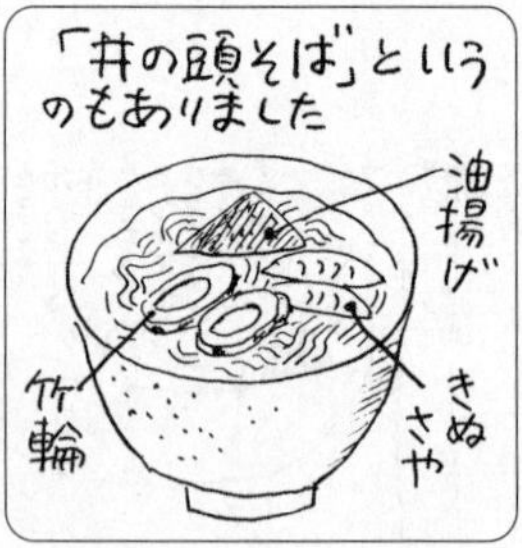
「井の頭そば」というのもありました
油揚げ
きぬさや
竹輪

どういうつもりか、人、人、人をかき分けてジョギングをしているおとうさんがいる。

池のまん中にある橋の上を、押され押されて向こう岸へ。

もはやビニールシートを敷くすき間はどこにもない。

そば屋があった。

桜の木に「お抹茶、甘酒、くず餅」という旗がくくりつけてあって、おでんも枝豆もビールもあるというそば屋。

建物の前に、茶店風に緋《ひ》毛氈《もうせん》を敷いたテーブルがあって、その上に小さな座卓が二つ置いてあり、片方の座卓はダブルカップルが取り囲んでいる。

もう一つの座卓が空いていたのでそこにすわる。

隣がダブルカップル、その隣に男が一人。

これから自分をつらくて惨めな立場に置こうとしている者にとって、これ以上の舞台装置はあるまい。これ以上の酷《むご》い、じゃなかった、嬉しい境遇はあるまい。

とりあえずビール。

ビールは生と大瓶と小瓶がある。ここは当然小瓶でなくてはならない。

生と大瓶と比べれば小瓶の惨め度は高い。

おつまみはおでんと枝豆とお新香がある。ここはお新香でなくてはならない。

これからぼくのお花見が始まるわけで、ぼくの周りの宴会中のビニールシートには盛りだくさんの料理が並んでいるというのにこっちはいきなりお新香。お新香だけでお花見。

お新香は、タクアン、きゅうりの糠漬け、赤蕪、蕪の茎、という内容。

この中で一番惨め度が高いのはやはり黄色いタクアンであろう。

タクアンは落語の「長屋の花見」でも惨めの代表として出てくる。

ぼくは小ビンのビールを一口飲み、タクアンをポリポリ食べた。

ここまでのこの男の行動を要約すると、

「一人でお花見にやってきて、ダブルカップルの隣にすわり、ビールの小ビンとお新香を注文し、小瓶のビールを自分でトクトクとコップに注ぎ、ゴクリと飲んだあと黄色いタクアンをポリポリ食べてうなだれている」

集大成としては上出来といったところではないでしょうか。

（『ホルモン焼きの丸かじり』所収）

わが愛するレバーよ

雨がしっとり降っています。

空気もしっとり。

こういう日ってレバーが似合うと思いませんか。

雨とレバー、ふつうの人ならちょっと思いつかない取り合わせだが、ぼくにとってはぴったり。

レバーの固まりの表面はいつだってつやつやと濡れてしっとり。

薄く切ってあるレバーなんか、一切れ一切れ、その切り口はぬれぬれに濡れてしっとり。

好きですね、レバーのあのしっとり。

なんか訴えてくるものがある。

レバーの血の色をしたあの切り口がぼくに何かを訴えている。

特に雨の日のレバーの切り口は情感にあふれている。

レバー日和というのかな。

雨の日はふとレバーを食べたくなる。

何しろレバー日和ですからね。

レバーの固まりを目の前にすると、ぼくはいつも、

「頼もしい奴」

と思い、向こうも、

「頼ってくれていいよ」

と言ってくれる。

黙契《もっけい》というのかな。

お互い見つめあって、

「わかっているよ」

と、うなずきあう。

レバーとうなずきあう男なんて、かっこいいじゃないですか。

ぼくに限らず、男とレバーは信頼関係にある。

何人かで焼き鳥屋に行って注文するとき、

「タレで焼き鳥4本と手羽とつくねと……」

と一人が注文していると、
おしぼりで顔を拭きながら、ボソッと、

「レバーもね」

と言う人が必ずいる。

そのとき誰もが、

「そう、レバーもね」

と思う。

注文の冒頭にレバーは出てこないが、途中で必ず出てくる。

必ず、というところに、男たちのレバーへの熱い思いが感じられる場面である。

レバーとくればレバニラ炒め、ぼくの場合は他の料理はほとんど考えられない。

レバ刺しというのもあって、ぼくはあれはあれで好きなのだが、料理として出てきたときの姿が暗い。

小皿に載っていかにも、内臓を切り取りました、という姿で出てくる。

そこのところに暗い出来事を感じる。

ゴマ油で食べるから、もともとデロデロ、ヌルヌルしているものが舌の上でヌラヌラし、一瞬、怪異なものを口に入れてしまったような暗い気持ちになる。

レバー好きのぼくでさえこうだから、レバーが嫌いな人はゾッとする一瞬なのではなかろうか。

そこいくとレバニラ炒めは明るい。

モヤシも入っているのだから、ちゃんと「レバニラモヤシ炒め」と言うべきだ
「モヤシ」を付け加えたところで一秒もかからないだろうに
モヤシファン

なにしろ湯気がモーモーと上がっていて元気はつらつ。

ニラの緑色が健康的だ。

それに対比するモヤシの乳白色。

その両者の間に見え隠れしているのが、薄茶色ではあるがレバニラ炒めの真価を一身に背負っている頼もしいレバーである。

レバニラ炒め定食。

そう、レバニラ炒め定食こそが、レバニラ炒めの盛名を高からしめる最高の組み合わせなのであ

る。

そう、ゴハン。ゴハンと組み合わせてこそ、レバニラ炒めはその真価を発揮するのだ。

合うんですねえ、ゴハンと。

ほどよく火の通ったレバーの歯ざわりは、ちょっとサクッとしたような、粘りが少しあるような、少し苦いような、血の味も少しして、まさに内臓の味、滋養の味。

レバーの少ししつこい味が口の中に広がったところへモヤシのシャキシャキ、ニラのシンナリが清涼をもたらす。

レバニラ炒めはどういうわけか、あれは煮汁とは言わないのだろうが、煮汁みたいなものがわりに豊富で、この汁に濡れそぼったニラがおいしいんですね、この汁にまみれたモヤシがおいしいんですね、この濡れそぼりものとまみれもので一片のレバーを包みこんで、少し汁をたらし気味にして食べるライスがおいしいんですね。

もう、たまりまへん。どうにもなりまへん。

誰が考え出したのかわからないが、この、ニラとモヤシとレバーの組み合わせ、このタッグ、強力にして滋養満点、味最高。

定食屋や町の中華屋の定食の傑作中の傑作だと思う。

同じような料理に肉野菜炒めというのがあって、レバニラ炒めのレバーを肉に変えたものだ。

定食屋や中華屋のメニューでは、この両者はいつも隣り合っているのだが、レバニラ炒めの隣の肉野菜炒めが何ともみすぼらしいこと。

レバーの存在感の何とも大きく立派なこと。

味も栄養も満点だと思うから、レバニラ炒めを食べている人の表情は明るい。

希望に満ちている。

それに比べ、レバ刺しを食べている人の表情の暗いこと。

ぼくはこれまでレバ刺しを、明るく希望に満ちた表情で食べている人を見たことがない。

もっとも、レバ刺しを嬉しそうにニタニタしながら食べている人がいたら気持ちわるいけどね。

近年、ホルモン焼きブームとかで、胃とか腸とか心臓、膵臓などが幅を利かせてきており、レバーの存在感がこれまでより薄くなりつつある。

たとえそうなっても、ぼくとわがレバーの信頼関係は、永久に不滅です。

（『いかめしの丸かじり』所収）

レバ刺しはこのまま消えてもいいのかッ

ふだん、好きとか嫌いとか、そういう関係ではなかったのに、あることをきっかけにして急速に好きになる、という場合が人生には多々ある。

小説にもしばしば登場する。

樋口一葉の「たけくらべ」では、信如《しんにょ》と美登利はそれまで何ということもない関係であった。

だが、信如の下駄の鼻緒が切れたことをきっかけに、二人の間に愛が芽生える。

そして愛が育っていく。

そしてその愛は、やがて悲恋に終わる。

さだおとレバ刺しの関係もこれに似ているのであった。

さだおとレバ刺しは、それまでは好きとか嫌いとか、そういう関係ではなかった。

焼き肉屋やホルモンの店に行けば、必ずといっていいほどレバ刺しはあるのだが、毎回必ずレバ刺しを注文するということはなかった。

誰かが注文すれば食べる、というほどの仲であった。

淡々とした仲であった。

それなのに、あることをきっかけにして二人の間に愛が芽生えたのであった。

そのあることとは、お上《かみ》による「レバ刺し禁止令」であった。

２０１２年６月30日をもって、この世からレバ刺しが消えてなくなる。

6月30日をもってレバ刺しに

会えなくなる。

ふいに、

〽今日でお別れね、もう逢えない

という歌のセリフが頭に浮かんでくるのであった。

〽逢いたい気持ちがままならぬ

という歌のセリフも浮かんでくるのであった。

会いたい、という文字が、逢いたい、になっていることに注目してほしい。

別れという心情は愛を芽生えさせる。逢えないという思いは愛を深める。

さだおは次第にレバ刺しとの恋に落ちていくのであった。

世間も二人の恋を煽《あお》りたてるのであった。

「6月30日を前にして、駆けこみ客殺到！」

「レバ刺し売り切れの店続出！」

さだおは動揺した。

動揺は愛を煽る。

逢いたい。レバ刺しに逢いたい。

一晩で三軒の店を駆け巡った。

一軒は焼き肉屋、もう一軒はホルモン、三軒目はふつうの居酒屋であった。

居酒屋ではあるが、店頭に、

「6月30日でレバ刺しは食べられなくなるヨ」

との貼り紙があった。

「ヨ」に発奮した。

小馬鹿にしたような店の態度に、

「負けるものか」

と思った。

最初の焼き肉屋は満員だった。

満員ではあったが、どの客も、とりたててレバ刺しを重視しているようには見えず、いろいろ頼んだメニューの中にレバ刺しを混ぜている、というふうに見えた。

残念であった。

愛が浅い、と思った。

久しぶりのレバ刺しは、相変わらずヌメッとしており、ヌラッとしてヌルッとしていて、これまではそのヌを主体とした性格に抵抗があったのだが、

「ヌでいてくれてありがとう」

と思うのだった。

一切れを箸で持ち上げると、レバ刺し特有の揺れ方、によろーん、ゆやーん、ゆやゆよーん、が、どうもなあ、と以前は思っていたのだが、いまは、

「文学的な揺れ方である」

と思うのだった。

レバ刺しの噛み心地の最大の特長はヌラヌラである。

なにしろ本体がヌラヌラしているのに、そこへゴマ油が加わるから更にヌラヌラ、ニョロニョロ、ニュルニュル、ムニュムニュ、きゃりーぱみゅぱみゅ、となる。

これまではそこのところが嫌だったが、恋は盲目、そこのところにうっとりとなる。

「週刊朝日」7月13日号（２０１２年）が発売されるころには、レバ刺しは世の中から消えてなくなっているのだが、6月30日、すなわち〝レバ刺し最後の日〟はどんな様相を呈するのであろうか。コンピュータ２０００年問題というのがあったが、あんなようなことになるのだろうか。

レバ刺しが食べられるのは6月30日まで。

6月30日午後11時59分59秒まで。

そのときの店内風景はどういうことになるのだろうか。

とりあえず「螢の光」の曲。

11時50分に客がレバ刺しを注文する。

到着したレバ刺しを客が食べているうちに0時にさしかかる。

食べ続けてもいいのか。大急ぎでかっこまなければならないのか。

あるいは、店内にいた係官の笛がピピーッと鳴って、ただちに残りは没収ということになるのか。

その場合、料金のほうはどういうことになるのか。

「ウチはテーブルの上にコンロに焼き網をのせて用意しておいて、0時になった瞬間、レバ刺しをコンロに移動させることにしてあります」

というようなことになるのか。

それにしても、これに違反すると、2年以下の懲役《ちょうえき》、または200万円以下の罰金というのは穏やかではない。

これはぼくの真面目な提案なのだが、フグはちゃんとした免許制度があって、その免許を持った調理師が調理したものは食べてよいということになっている。

レバ刺しもそういうふうにして存続をはかるというのはどうでしょうか。


（『レバ刺しの丸かじり』所収）

病院食はいま

入院してました。

それでこの連載も休載を余儀なくされました。ゴメンナサイ。

病名は肝細胞がん。

肝臓のがんといえばがん界では横綱級の大物。

でも、それほど大した横綱ではなかったらしく、アヤシイ部分を切り取って一か月ちょっとで無事退院。

ひところは、ひとたびがんということになると、とたんに医師は声をひそめ、患者は耳をそばだてる、という図式があったものだが、当節は医師も声をひそめず、患者も耳をそばだてない時代になってきているらしいので、そういう習慣に素直に従いました。

11月2日に入院。

13日に手術。手術時間、4時間。

肝臓の1/10ぐらいを切除。

159・9グラム。

レバ刺しにすると二人前弱というところでしょうか。

手術の翌日から歩く。

肺の機能の回復のためには歩くことが大切ということで病院内を歩く。

息が切れて息が切れて20メートル歩くのがやっと。

入院といえば病院食。

術後二日目から五分粥《ごぶがゆ》が出る。

五分粥、温キャベツ、肉団子、甘薯《かんじょ》カツブシ煮、花麩清汁《はなぶすましじる》、ヨーグルト。

病院食といえば、これはもう十人が十人、口をゆがめて「まずい！」と言うことになっているので、ぼくもてっきりそういうものだと思いこんでいたのだが、これがまあ、どうしてどうして、まずくないんですね、昨今は。

病院によっては有名レストランと提携《ていけい》しているところもあるとかで、有名米にこだわる病院もあるという。

術後三日目には五分粥から全粥になり、四日目にはふつうの米飯になった。

毎食それなりの工夫があり、飽きさせない変化があり、毎食がおいしかった。

ただ、ただ一つ、どの食事にも残念でならないことがあった。

塩気が足りない。

ふだん、どちらかというと塩《しょ》っぱい系が好きなだけに、塩分に厳しい病院食はこたえる。

ほとんど毎回味噌汁が付いてきて、ダシもよくとってあるのだがいかんせん塩分が足りない。

ホーレン草のおひたしにダシ汁がかかっているのだが、ああ、ここに一滴の醤油あらましかば、と、ヘンな文語体になってしまうほどの激しい欲求をおぼえる。

ブリの照り焼きも味が薄い。

高野豆腐の含め煮も味が薄い。

ああ、ここに一滴の醤油垂らましかば。

食事をしていていつも頭に浮かぶのはせめてもう一滴の醤油。

二滴とは言わない、せめて一滴、いや、一滴半……。

望郷の念、ならぬ、望醤油の日々。

そんなある日、納豆が出た。

スーパーの棚に並んでいる、円型のプラスチック製の容器入りの納豆。容器の中にはタレの小袋とカラシの小袋。別の小皿にはネギの小口切り。

　どう見ても特別製の納豆ではなく、スーパーの棚からそのまま持ってきた市販の納豆。
どんなメニューにも病院側の監視が行き届いている中の唯一の市販物、唯一の娑婆《しゃば》物。
誰もがご存知のとおり、市販の納豆のタレの主体は醤油である。
　納豆のタレの小袋をしみじみ見る。タテヨコ2cmほどの小袋の中に、憧れの醤油がたっぷり。まさに、たっぷり。ちょっと揺らしてみてもたっぷり、ユラユラ。

狂喜しつつ容器の中の納豆を箸で掻き混ぜる。

狂喜しつつ、そこに小袋にたっぷりのタレをたっぷりそそぐ。

狂喜しつつカラシを混ぜこむ。そしてネギ。

あたりに漂う懐かしい納豆の匂い、カラシの匂い、娑婆の匂い。ゴハンの上にタレたっぷりの納豆をのせて一口。

恍惚《こうこつ》、陶然、うっとり。

納豆の容器はまたたくまに空《から》になった。

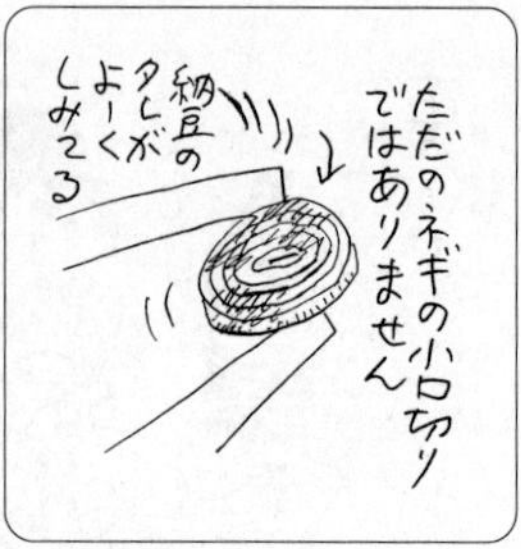
ただのネギの小口切りではありません
納豆のタレがよーくしみてる

ゴハンはまだ残っている。改めて空になった納豆の容器を見る。

見よ、納豆の容器の内側を。

見よ、そこに点々と残る納豆のネバ付きのタレの連《つら》なりを。

何でふこの連なりをこのままここに残しておくべきや。一口分のゴハンを納豆の容器に入れる。攪拌《かくはん》によってそれらネバ付きのタレをゴハンに付着せしめ、それをおかずに一口分のゴハンを食べようとしているのだ。

窮余《きゅうよ》の一策。貧すれば鈍する。

だが、こうした状況のなかで、この方策を思いつかない人はいるだろうか。

この窮状にあれば、万人が必ずやこの方策を思いつき、必ずや実行に移すであろうことはこのわたくしが保証する。

満足であった。

もう思い残すことはない。

と思ったそのとき、ゴハン茶わんのフチの裏側に、小口切りのネギの一片が付着しているのが目にとまった。

ご存知のとおりネギは白い。

その白いはずのネギが茶色に染まっている。

このことは何を意味するか。

そうです、納豆のタレがネギにしみこんでいることを意味するのです。

そのネギを口に入れる。

噛みしめると、ネギの切り口から納豆のタレの味がにじみ出てくる。

もちろん、納豆のタレの味がしみこんだネギの輪っかでゴハンをもう一口。


（『焼き鳥の丸かじり』所収）

大盛り！　解説編

大盛り！　解説編①——逢坂　剛

世に、東海林さだおさんのファンがどれだけいるか知らないが、その熱烈度において小生は人後に落ちないつもりである。むろん、週刊誌連載の「タンマ君」「サラリーマン専科」は、欠かさず読んでいる。毎日新聞購読時には、「アサッテ君」も愛読した。

もともと東海林さんは、小生が社会人になった翌年の一九六七年、某漫画週刊誌の連載漫画『新漫画文学全集』で、デビューしたという。したがって、社会年齢は小生とほぼ同じ、といってよい。実際には、小生の方が六歳年下だが、当時はのんびりした時代でもあり、それほど世代の違いはないと思う。

この解説を書くに当たって、久しぶりに『ショージ君の漫画文庫傑作選』と『ショージ君の漫画文学全集110選』（いずれも文藝春秋）を取り出した。これぞ傑作、と思った作品のページには、付箋《ふせん》が貼ってある。ときどき、それを読み返すのが楽しみなのだが、今回もまたまた一人笑いの連続だった。結局付箋の箇所にとどまらず、最初から最後まで全部読んでしまった。東海林さんの漫画と、池波正太郎さんの時代小説は、何度読んでもおもしろい。まさしくこれは、日本の文化遺産といってよい。

ちなみに、小生が『漫画文庫傑作選』の白眉《はくび》だ、と思うのは「女の視点」である。

課長になったおばさん管理職が、職場の男たちになめられまいとガンガンやるうちに、美青年社員を叱るはめになる。しかし、自分の好みにぴったりのタイプなので、つい矛先《ほこさき》が鈍ってしまう。その様子を、叱られたほかの社員が許さじとばかり、じっと見ている。威厳を取りもどそうとする女課長は、美青年と目が合うとグニャグニャになり、腰のあたりに〈ジュン〉と擬音がはいる。ほかの社員の視線に、ハッと気づいては威厳を取り繕《つくろ》うのだが、またも〈ジュン、ジュン〉となる。その繰り返しで、抱腹絶倒させられる。

これと双璧なのが、「答弁」である。

帰宅した亭主のワイシャツに、口紅がついているのを発見した女房が、食ってかかる。それをかわすために、亭主は〈国会答弁風に質疑応答しよう〉と女房に持ちかける。そこから、女房による亭主の浮気の追及と、亭主による弁解のやり取りが展開されるのだが、これまた現実の国会答弁を徹底的に茶化し、大いに笑わせてくれる。

まあ、漫画を文章で説明するのはむずかしいから、このあたりで紹介はやめておこう。機会があったら、ぜひ読者のみなさんにも読んでいただきたい、と思う。

むろん、東海林さんのおもしろさは、漫画だけにとどまらない。よく知られるように、東海林さんはエッセイの達人でもある。かつて、〈昭和軽薄体〉と呼ばれる戯文体を駆使して、一見軽薄ながら鋭い風刺を含んだエッセイを書く、三人の文士がいた。東海林さんと椎名誠さん、嵐山光三郎さんの三人である。〈昭和軽薄体〉という言葉は、さすがに死語になってしまったが、三人ともに健在なことは周知のとおり。この人たちの文章には、それぞれ独特のくすぐりとユーモアがあって、小生はそのエッセイを大いに愛読したものである。

中でも、週刊朝日、オール讀物といった週刊誌、月刊誌に連載された東海林さんのエッセイは、すでに何十年も続く息の長さを誇り、まさにギネスものといえよう。本書『うなぎの丸かじり』も、週刊朝日の連載「あれも食いたいこれも食いたい」をまとめた、〈丸かじり〉シリーズの一つ。

東海林さんは、人も知るB級、いやC級グルメの第一人者で、それについて書かせたら右に出るものはいない、というブンゴーである。よく、目先のことにとらわれて、全体を把握しそこなうことを、〈木を見て森を見ず〉と言う。むろん、悪い意味で使われる言葉だが、小生はむしろ〈森を見て木を見ず〉の方がつまらぬ、という気がする。小生自身、全体などはどうでもよく、細部にこだわるタチだからだ。

一本の木の根っこが、地面のどこまで広がっているか。枝はどっち向きに、何本生えているか。どんな鳥の巣が、かかっているか。枯れた葉っぱの裏に、毛虫が張りついていないか。いかにも意味ありげな、怪しい形の節はないか……等々、一本の木の存在そのものについて、徹底的に細かく調べてしまう。

東海林さんの食べ物の分析は、まさに〈木を見て森を見ず〉にふさわしい、凝《こ》りようなのだ。そして、その指摘がいちいち腑《ふ》に落ちるのは、小生自身がC級グルメだからに違いない。たとえば、「カレージルが足りないッ」の項を読んでほしい。カレーライスを頼むと、どう見ても出てきたライスの量に比べて、カレージル（カレーソースではない）の量が、物足りない。ついつい、カレージルを節約してライス中心に食べ、後半三分の一に差しかかったあたりで、ようやく均等に食べられる気分になる。このことは、スパゲティミートソースにおける、スパゲティとミートソースの関係にも、当てはまる。小生は、一度としてミートソースが存分にかかった、スパゲティミートソースを食べたことがない！

そのほか「茶碗蒸しの正しい食べ方」とか、「アメリカンドッグ合体クン説」、「エビ様と私」とか、そうそうそのとおり！　と共感できる指摘が満載の本書は、C級グルメ必読の書である。

ところで、「エビ様と私」の書き出しは、こうなっている。

久しぶりに天丼を食った。
最近、「天丼を食った」と書くところを「いただいた」と書く人が多くなってきたが、天丼は「食った」である。

丼物というものはかっこむものである。ガシガシと男らしく食うものである。それなのに「いただいた」では、なんだか体をくねくね、なよなよさせながら食べているみたいで、おいどんは好かん。

天丼は「食った」でごわす。

とまあ、こんな具合に一刀両断に斬り捨てる。まことに、心地よいではないか。「いただいた」と書く、さる超A級グルメの大先生?に向かって、やんわりと露骨に、鋭い批判の矢を放っているではないか。小生も、断然東海林説の肩を持つ!

残念ながら本巻には記載がないが、トンカツもまたガシガシ食うものだ。

そもそもトンカツ屋は、げたばきでぶらりと行く店であって、そういう客からトンカツ定食二八〇〇円、などという法外な料金を取ってはいけない。だから小生は、俗に御三家などと呼ばれる某区の名店には、足を運ばないことにしている。その半分以下の値段で、さらにうまいトンカツを食わせる店が、しかも銀座のど真ん中という場所に、厳として存在するのである!

実は三年ほど前、小生はさる週刊誌で東海林さんとトンカツ対談を行ない、その店にお連れしたことがある。東海林さんに、気に入ってもらえたことは、言うまでもない。しかもそのご縁で、東海林さんが所属する草野球チームの試合に、特別出場させてもらえる特典が、与えられた。

さてお立ち会い、小生は暮れの一日、神宮球場へ勇躍乗り込んだ。それも、草野球の殿堂たる、絵画館前野球場ではない！　かの、ヤクルトスワローズが本拠地とする、本球場の方である。

小生は指名打者として、二番の打順をおおせつかった。一番は東海林さんで、なんでも年齢順になっている、という。そうか、小生もそんな年になったのか……と感慨ひとしおだった。

そんなことは、どうでもいい。

相手ピッチャーは、おそらく中学生と思われる野球少年。緩いボールが決まらず、最初の打席は四球を選ぶ。第二打席は、ぼてぼての三塁ゴロだったが、全力疾走と三塁手のファンブルで、セーフになった。第三打席は、たぶん回ってきたと思うのだが、記憶にないから凡打だったのだろう。つまり、打つ方では見せ場がなかった。

東海林さんは不動のポジション、というショートを守っていた。小生などは、だいたいゴロを取ると一塁まで、ワンバウンドで投げることが多い。しかるに、東海林さんはワンバウンドを潔《いさぎよ》しとせず、矢のような？山なりのボールを直接送球する。打者が年を取っていると、足が遅いからそれでもアウトになる。しかし若者の打者だと、東海林さんの送球が三分の二くらい来たところで、一塁に駆け込んでしまう。

しかし東海林さんは、頑固にワンバウンド送球を拒否し、ノーバウンドの送球にこだわる。自分に厳しい課題を与えることで、草野球人生を少しでも先へ延ばそうという、不退転の決意が込められている。カンドーした。

しかも東海林さんは、最終回の守備につくとき小生を呼んで、ショートを守ってほしいと言う。つまり守備に関しても、小生の出番を作ってやろうという、温かい配慮なのだ。むろん小生、いそいそと守備についた。すると、神もご照覧あれ、それに誘われたかのごとく、ショートゴロが来たではないか！　小生さっそうとそれをすくい上げ、東海林さんにならって矢のような、山なりの送球でアウトにしたのであった。

なんだか、野球本の解説のようになってしまったが、この本はあくまで『うなぎの丸かじり』であって、『東海林さだおの野球教室』ではない。まあ、草野球とC級グルメには、なんとなく共通点があるような気もするので、よしとしておこう。

（作家　『うなぎの丸かじり』所収）

大盛り！　解説編②――椎名　誠

学生時代からずっと東海林さんのファンでマンガもエッセイもたいてい読んでいた。ひょんなことからぼくはモノカキになり、出版社から言われるままにいろんなことを書いているうちに「対談」というものをしないか、と言われた。

「対談」などという決闘みたいなことはできないけれど会って話をしたい人はいます。「誰？」と聞かれて東海林さんの名をあげた。

ありがたいことに、その編集者は東海林さんの担当だった。ただちに話はすすみ、新宿のビアホールではじめてお目にかかった。

おだやかな人だったが、ぼくは緊張していたから、はじめのうちやや座の空気はかたかった。これじゃまずいかな。なにかいわなくちゃいけないんだろうなあ、と思った。

幸い互いにビールが好きだったので、とにかくビールを飲んだ。とりあえずビールの効用はありがたい。

それから「つまみ」を何にするか、ということになった。メニューにこまかくいろんな「つまみ」の名がならんでいる。

東海林さんはあまり自己主張をしない方で「どれがいいですかね」と言ったきりだっ

た。ぼくは友達と飲むときみたいに「つまみ」をアレコレ検討するよりも一刻も早く東海林さんにいろいろな話をうかがいたい。

「シーナさんどうします？」

と編集者が言うので、一番ポピュラーな品名が並んでいるページの「右端から五センチぐらい頼めばどうでしょう」と言った。

東海林さんはそれが面白かったようで「そういう注文の仕方もあるんですねえ」と言った。

それから急に座の空気が緩んだような気がした。

それいらい今日までずいぶん長いおつきあいをしている。二〜三年ごとに対談シリーズというのをしている。月刊誌の連載、というケースが多く、まとまると本になり、もう五冊ぐらいになっている筈だ。そこではずいぶんいろいろな話をした。

東海林さんは驚くべき博識家で世相にもあかるく、なによりもすばらしいのは子供みたいに「なぜ？」というのと「不思議」というのをいっぱいもっていることである。そのあたりが本シリーズの根幹にあるような気がする。学ぶところがいっぱいあり、教えもいっぱいうけた。

ぼくがある週刊誌に、本書のような二ページの連載エッセイを書くことになったとき、面白く書くコツのようなものを聞いたことがあった。

「そういうことを意識しては書けないかもしれませんよ」と、東海林さんは言った。

「とにかくそのとき気になっているコト、つよく思っているコトを書いていくしかないわけですよ。毎週ですからね」

「ただ、その週によって急にスバラシイ思いつきがうまれたり、体調がやけによかったりして自分でも気がつかないくらい面白いのが書けたりする。またその逆もある。野球でも三振したりホームラン打ったりするでしょう。それらを平均して打率が三割程度いっていればいいんです」

　尊い教えをうけたような気がした。

　その当時ぼくは二誌の週刊誌に二ページエッセイを書いていたから「今月八本書いたけれど打率は何割ぐらいだったかなあ」とときおり考えていた。

「改行を多くしたほうが読みやすいからいいみたいですよ」

　とも言われた。

　いい先生だった。

　その教えを守ってきた。

　でもどうしても及ばないのはとんでもない「発想」の源泉だった。

　この「丸かじり」シリーズは今回で三十六弾となっているが、ずいぶんいろんなものをかじってきたものである。

ずっと愛読しているが、このシリーズは食のエッセイのように見せているが、そのわりにはかじってるものが「うまい」とか「おいしい」といった、食のエッセイではまずはともかくの「入り口」というか「基本」の部分に殆ど触れていないのに読者はお気づきだろうか。

東海林さんの好奇心と深い思考には「うまい」とか「おいしい」などというものをはるかに超越したものが核になっている。

極端に言ってしまえば、そいつがうまくてもまずくてもどうでもいい、という別の「基本理念」があって、それはしばしば哲学の範疇であったりする。さらに「自然科学」というジャンルにもかかわってくる。しばしば「動物行動学」が根底に横たわっている場合もある。

本書でいえば「コンニャクと日本人」の項である。

東海林さんはコンニャクが存在している意味とコンニャクと人間がどう関係していけばいいか深く考えている。

「ポテサラと親父」との一筋縄ではいかない関係にもひそかに憂えている。そういうことを一人でじっと深く考えたり憂えているひとは世の中にあまりいないだろう。

東海林さんの考えている「食」は本当は「学問」なのである。つきつめていけば民俗学の課題になっていくこともしばしばある。

そしてまたその世代の世相に敏感に対応しているから、この「丸かじり」シリーズを全巻読めばどんな世相史よりも生き生きした戦後日本の最近三十年間ぐらいの「日本」があざやかに浮かびあがってくる筈である。

（作家　『サンマの丸かじり』所収）

大盛り！ 解説編③――ラズウェル細木

東海林さんは、大学の漫画研究会の大先輩であります。どれぐらい大先輩かというと、私の生まれた年に大学に入学されたぐらいの大先輩。

園山俊二さんやしとうきねおさん、福地泡介さんらと並ぶ漫研創成期のメンバーのおひとりで、世間一般的に言うならば「大御所」といった存在になると思うのですが、実際の東海林さんはそうした年寄りじみたところ、エラソーな大家然としたところがまったくない人です。そして、漫画にエッセイに、現役バリバリで活躍しておられます。

そして、本書をお読みの方々は百も承知と思いますが、東海林さんの食べ物への関心、そして食べることへの欲求は、年齢など関係なくますます旺盛であるようです。

ところで、僭越ながら、かくいう私も、飲んだり食べたりすることにはひとかたならぬ執着がありまして、漫画の題材もほとんど飲食に関するものばかりであります。

そういう意味で、われらが漫研出身の漫画家の中では、最も東海林さんの路線に近いかななどと勝手に思っております。

そしてまことに不遜ながら、もしかして、将来、東海林さんが引退されるようなことがあったら、その後釜に坐れるのではないか、などと考えていた時期もありました。

ところが、東海林さんは引退する気配などまるでなく、その考察の鋭さはますます冴え渡る一方であります。

どれぐらい鋭いかというと、「アボガド」と言う人に対して「アボカド」が正しいと訂正するのを生き甲斐としてきた私が、本シリーズのアボカドに関して書かれた回を読んで、すっかりその気をなくすぐらいの鋭さであります。（本書には載ってないので、ネタばれ防止でこれ以上は申しません）

しかし、あるとき私は気がつきました。東海林さんの書かれる物を楽しんだり感心したりしているうちは、後釜どころかまだまだとても足下にも及ばないのではないかと。

またあるとき、東海林さんがご自身のエッセイについて語っておられる新聞のコラムを読みました。

それによると、エッセイは書いては消し、書いては消しを繰り返しながら、ご本人もどこへ行くのかわからないときがあるぐらいライブ感覚で制作されているそうで、一見、軽妙にスラスラと綴られているような文章も、実はものすごく練りに練って書かれていることがわかりました。

ご本人はそれがまた「楽しい」とおっしゃっておられますが、私はこのことからもまだまだだな、という思いをいたしました。

私の場合、文章を書いていて難航するとただ苦しいばかりで、「楽しい」などといった境地からはほど遠いからであります。

というわけで、最近は後釜などという不遜な考えはきれいさっぱり捨てて、もっぱら純粋な一読者として東海林さんの作品を楽しんでおります。

さて、この「丸かじり」のシリーズでありますが、お店で出てくる料理や市販品に対する考察もさることながら、私がもっとも感銘を受けるのは、ひらめいたことを実際にやってみる「実践物」であります。

本書でいうならば、「釜めし家一家離散」「鰻重グジャグジャ」「アンクリジャパンとは？」「現代の冒険水蕎麦」「豆腐丸ごと一丁丼」などがそれに該当します。

こうしたひらめきは、私にもおぼえがあるのですが、日頃から食べ物についていろいろと考えていると、突然舞い降りてきて、いったん思いつくやもうやってみないではいられなくなるものです。

ですから、特に努力ということは必要ないのですが、それでも、材料の調達や制作時間の確保など、即実行とはなかなかいかないものです。

しかし東海林さんは、どんな思いつきもすぐに実践されるようで、その行動力には脱帽せざるをえません。

そして、細かな分析と手順付きで語られますと、それをどうしても真似してみたくなってしまいます。

特に、先に挙げた中の「豆腐丸ごと一丁丼」は、個人的な思い入れも手伝って、絶対作ってみようと思いました。

その元になっているのは、日本橋のおでん屋「お多幸本店」の「とうめし」というメニューなのですが、実は私は東海林さんが出かけるのを面倒がっておられる「お多幸本店」までわざわざ行ったにもかかわらず、その「とうめし」を食べずに帰ってきたことがあるのです。

というのは、某雑誌で連載している漫画のネタで「おでんはごはんのおかずになるか？」というテーマをひっさげての来店だったため、必然的におでんをおかずにごはんを食べることになり、「とうめし」の入る余地はとってても残っていなかったからであります。

その無念をはらすべく、さっそく東海林さんのレシピどおりに作ってみました。

蕎麦つゆをベースに醬油やみりんで濃いめの煮汁を作り木綿豆腐を投入、煮たり冷ましたりを繰り返しながら煮汁をしみさせること数十分、白いごはんの上につゆだくで乗っけて、ついに完成です。

豆腐がいい色に煮しまって、実にいい感じ。喜びいさんでいただきます。

すると、たしかに美味しい。乗っているのは豆腐オンリーですが、東海林さんのおっしゃる通り、表面の煮汁のしみたところと中のあまりしみてないところの味の変化もあって、かっこむ手が止まらなくなりました。

というわけで完食、そのできばえに大満足いたしました。

ところが、すべて食べ終えてから、東海林さんのイラスト（163ページ参照）を見かえして、大きな間違いをおかしていたことに気がつきました。

東海林さんのは、豆腐より小さめの丼にごはんがてんこ盛りになって、その上に豆腐が握り寿司の如く凸状に乗っているのですが、私は豆腐より大きな丼にごはんをよそってその上に乗せたため、豆腐が凹状にそっくりかえってしまいました（本ページのイラスト参照）。

同じ量の豆腐とごはんでも、見た目のインパクトがまるで違い、凸状のほうがはるかに迫力があり美味しそうであります。

というわけで、さっきの満足はどこかに吹き飛んで、敗北感でいっぱ

見よ！ このなさけなさ
豆腐より大きくなくちゃならないのは鍋でした…

いに……。

しかし、時すでに遅し、お腹はパンパン、作りなおす気力も食欲もなく、また、いつかベッコベコにお腹を減らして再チャレンジしようと誓うのが精一杯でありました。

あ〜、ここでもまだまだ東海林先輩にはかなわない……。

（漫画家　『ホルモン焼きの丸かじり』所収）

大盛り！　解説編④――平松洋子

「レバ刺しの丸かじり」。このたび刊行される本書のタイトルを聞いて、ああぁっ。私は、思わずのけぞりました。なんという人生の符合、なんというタイミングでしょうか。東海林さん自身も気づいていないようですが、このタイトルを記憶にとどめながら拙稿を読み進んで下さいませ。のちほど楽しいことになるかと思います。

さて、東海林さんは昨年末、人生で初めての長期入院生活を経験しました。四十二日間、師走の長丁場。年の暮れになってシャバに復帰を果たしたのですが、週刊誌や月刊誌の連載は翌年一月中旬まで都合一ヶ月ほど休載を余儀なくされました。いつもそこにいてくれるタンマ君がいない、あれも食いたいこれも食いたいショージ君がいない。これはさみしかった。いや、さみしさを感じる前に不在の現実がにわかに信じがたかった。

東海林さんにとっても、四十余年におよぶ執筆生活を通じて初めての経験はさすがにこたえたようです。本人曰く「とくに病気になったこともない、風邪をひいたこともない。寝込んだことだって一度もないのに、もう青天の霹靂」。健康管理については本人なりに万全を期していたらしく、十種類近くまとめて口のなかに放り込むサプリメント類は、一体どれが効いているのか判断がつかないため、もはや一種類も止められない健康オタク的状況です。オイ見てきたようなことを書くなよ、と思われるかもしれませんが、これも本人が苦笑いしながら言っていたので間違いありません。

しかも、定期的にゴルフ、野球、そのうえトレーニングマシーンを部屋のかたすみに置いて日々鍛えているもよう。愛用の白いTシャツごしに目視確認すると、東海林さんはハラも出ておらず、たまに腰が痛いとかつぶやくことはあっても、基本的にシュッとしている。意外にも筋肉男子です。だからこそ、四十余年におよんだ毎日新聞連載「アサッテ君」は前人未到の一万三七四九回を記録し、週刊朝日「あれも食いたいこれも食いたい」は連載一四〇〇回を越え、週刊文春「タンマ君」は連載二三〇〇回間近、いずれも偉業更新中です。

とまあそんなわけなので、いきなりの手術宣告（初期の肝細胞がん、該当箇所を切除）と入院生活が身にこたえたであろうことは容易に想像がつく。しかし、骨の髄まで観察のひと東海林さだおは、転んでもただでは起きません。地べたぎりぎりまで低く設定した目線に自虐を混ぜつつ、入院生活の一部始終を「初体験入院日記」（「オール讀物」連載「男の分別学」、これも連載開始以来三十六年！）と題して執筆し、「入院生活は究極の不本意である」と看破しています。注射も不本意、レントゲン検査室の前で何十分も待たされるのも不本意、あてがいぶちのごはんが運ばれてくるのも不本意。そして、この結論。

「そもそも、病気になるということも本意ではなかった」

人生はなんと理不尽であることよ。しみじみとした無常感が漂ってきて、泣かせます。本書でも、本意と不本意とのあいだに挟まれて、東海林さんがうろうろあたふた翻弄されるようすは「おもしろうてやがて哀しき」を地で往く。読者はふへへと脱力の笑いを洩らしながらも、いつしか視線をおのれに向け、東海林さんの姿に自分を重ねています。だから、東海林さんの「丸かじり」がいっそうずきゅーんと胸に刺さってくるのだと思います。

たとえば「牛乳ビンのチカラ」。

「ビンの口全体をくわえようと思えばくわえることができ、ビンの中に唇全体を押し込めることはできるのかな、と思って押し込んでみたらスッポリ入りました」

抱腹絶倒ののち、圏外に突き抜けたような浮遊感を味わう。牛乳ビンの口を咥えて試している東海林さん。目を泳がせつつ、どれどれと唇を押し込めている東海林さん。牛乳ビンからの自然な「流出」を受けとめてうっとりしている東海林さん。どれもこれも意識下に潜んでいた、あるいは人前では見せられなかったボクのワタシの姿であります。それでもって安堵したり、苦笑いしたり、勝手に励まされてみたり。そしてひっそり思うのです。ありがとう東海林さん。

さて、十二月某日。無事に社会復帰をはたした東海林さんを囲んで、地元西荻窪でささやかな退院祝いを催しました。退院以来、初めてのおんも。不本意な食事事情に甘んじてきた東海林さんにとって、待望の、しかしおそるおそるの外ごはん。ただし、何より好きなビールはしばらくお預けだと言われちゃってねえ、と哀しげな表情です。

しかし、東海林さんは攻め込んでくる。

「なのに、みんなは飲むの？　えーっ。そんなひどいことしちゃっていいわけ」

それはそうだ、飲みたくて悶絶しているひとの隣でプハーはないよね、と私たちも同じノンアルコールビールにしようかと話がまとまりかけたのですが、「まいっか」と急に許可が下りたので、こそこそ日本酒を注文。とにもかくにも退院おめでとうございます、長かったですねえ四十二日間も。口々に労をねぎらうのですが、隣から妙な視線を感じる。なんだなんだと見ると、なみなみと注がれた日本酒の枡を東海林さんがじーっと凝視している。無意識のうちに、視線が酒に吸い寄せられているのです。すきなアルコールを取り上げられた飢餓感の迫力にびびりました。

とりあえず気がつかないふりをして、本題に入ってみた。

「東海林さん、手術はどこをどのくらい切ったのですか」

賢明な読者諸氏は、ここで「あ」と思われたと思います。そう、冒頭にお伝えした一件です。

東海林さんは間髪を容《い》れず言った。

「えとね、レバ刺し一人前強」

このくらい、と両手で輪っかをつくり、皿の上にのっかったレバ刺しの量を示してくれるので、大変わかりやすかったです。肝臓の上部の病巣を斜めに切除したらしい。

このたびのレバ刺し繋がりの展開を東海林さんは予測していたでしょうか、本書の締めくくりの一編「レバ刺しはこのまま消えてもいいのかッ」に、恋情が切々と綴られています。

「別れという心情は愛を芽生えさせる。逢えないという思いは愛を深める。

さだおは次第にレバ刺しとの恋に落ちていくのであった」

「さだおは動揺した。

動揺は愛を煽る。

逢いたい。レバ刺しに逢いたい」

千々に乱れるさだお。一貫してレバ刺しに翻弄されているさだお。

「逢いたい。レバ刺しに逢いたい」

絶唱に心打たれます。

しかし、二〇一六年四月現在、さだおはビール解禁の日のことで頭がいっぱいです。

別れたレバ刺しへの未練はとうに捨て去ったとみえ、晴れてぐびぐびプハーと生命の水を喉に流しこめるのは、まだか、まだか。指折り数えつつ、はっきりいって気も狂わんばかりです。本書にはそんな東海林さだおの百八つの煩悩がぎっしり詰め込まれて、艶やかに輝くレバ刺しのようにフルフル揺れています。

（エッセイスト『レバ刺しの丸かじり』所収）

大盛り！　解説編⑤——荻原　浩

この『焼き鳥の丸かじり』で、東海林さだおさんの「あれも食いたい　これも食いたい」丸かじりシリーズは、文庫40巻めだそうだ。

単行本はすでに42巻まで出ている。そしてもちろん現在も連載は続いている。

東海林さんは、いったいどれだけの食べ物を丸かじりしてきたのだろう。いままでの巻のタイトルだけを並べても、

タコ、キャベツ、トンカツ、ワニ、ナマズ、タクアン、鯛ヤキ……。

和洋中エスニック、魚介、肉、野菜、果物、甘味、すべてが網羅されている。『猫めしの丸かじり』まであるのだ。

一冊には35〜36篇が掲載されている。

42×36。1512。

これまでに千五百もの丸かじりをされてきたわけだ。

しかも、気ままに身辺雑記を書きつらねているわけじゃない。

テーマはあくまでも「食」限定。

毎回、きちんと手描き文字のコメントやセリフが入った1コマ漫画3点も添えて。

それで、１５１２！

あの王選手だって８６８本。

白鵬だって１１４７勝。

金本選手の連続試合フルイニング出場ですら１４９２で途切れている。

不滅の大記録だ。

毎週毎週、なんでこんなことを思いつくのか、アイデアが尽きることはないのか、というこちらの杞憂をよそに、本書も絶好調。

食パンの考察からダリの一枚の絵のエピソードになる。

谷崎潤一郎の逸話がなぜかとうもろこしの食べ方になって、再び谷崎に戻る。

東海林さんの柔らかな思考は、じつはいろいろな知識と経験に裏打ちされている。

しかし、博識をふりかざすわけでもなく、誰もが知ったつもりになっているか、知ったかぶりができるぐらいの「ああ、あるある」「知ってる知ってる」的な譬《たと》えの提示から話を始めつつ、誰もが考えもしなかった境地に連れて行ってくれる。

フランスの食通、ブリア・サヴァランの有名な言葉に、

「君がふだん食べているものを言ってみたまえ。君がどういう人間か当ててみせよう」

というものがある。

言いたいことはわかるのだが、なんとなし腹が立つ（東海林さんも本書の「春は蛤」

の中で、「なんなの、この上から目線は」と切り捨てている)。

丸かじりシリーズは、サヴァランのこの言葉と同じことを書いているように思えるのだが、目線がまるで違う。

常に読む人みんなと同じ目線、ともするとやや下方なのだ。

だから誰もが共感できる。

ロサンゼルスの住宅地の情景から始まって弁当の王様みたいな松花堂弁当を貧乏根性丸出しと言い放ち(区切りがやたらに多くて、一戸建てだった敷地を何戸ぶんにも分譲したみたいだから)、日本人論にまで話を発展させる。

こんな芸当、ほかの誰にできるだろう。たぶんサヴァランにもできないと思う。

丸かじりシリーズはどのページから読んでも面白いのだが、今回のこの『焼き鳥の丸かじり』の中で僕がいちばん唸らされたのが、「病院食はいま」だ。

東海林さんのエッセイはたくさん読んでいるはずなのに、肝細胞ガンで「あれも食いたい〜」を休載されていたことは知らなかった。

幸い、手術は成功し、大事ではなさそうではあるし、昔と違っていまどきは、ガンだからといって深刻な病とはかぎらない、が。

やっぱりガンはガンだ。

それなのに東海林さんは、ガンのことにはほとんど触れず、治療に関する直接的な描写もせず、ひたすら病院食について書き綴っているのだ。

病気のことは他のところで語ったり、書いたりされているのかもしれないが、それにしても、
凄い。

病気のことには触れていないのに、凄まじい闘病記になっている。

醬油民族、日本人なら誰もが我が身に置き換えるだろう、病院食に足りない塩分――醬油への渇望と執着の描写は、鬼気迫る。

病院のキビシイ監視を逃れて出現した、市販の納豆パックのタレに狂喜する。

空《から》になった容器のネバ付きのタレにまでゴハンを投入し、もう思い残すことはない、と述懐したそばから、さらにタレに茶色く染まったネギを発見して、その一片をしみじみと嚙みしめる。

笑いを超えて涙したくなる。

人生とはなんだ？

人間とはなんだ？

そのすべてが納豆パックのタレひとつで表現されている。

傑作だ！

ここまで書いていて、お気づきの方もいらっしゃると思いますが、この拙文は、毎度、句点で改行しています。

もちろん東海林さんの独特の文体というかルールを真似したものだが、これって、かなり難易度が高いのだ。

雑誌にエッセイを書く場合、まして連載枠が決まっているものは、文字の数に制限がある。

あれもこれも書こうとすると、エッセイ慣れしていない僕なんぞは、あっと言う間に規定の文字数をオーバーしてしまう。だから、書きたかったエピソードやフレーズを泣く泣く削ったりする。それでもだめなら、改行する場所を減らしていくしかない。（ほら、このとおり）。

僕のイメージでは、東海林さんは、毎回、無造作にさらりと一行目を書きはじめて、おもむろに「うむ」と唸って筆を置くと、ぴたりと行数どおりに話が終わっているような気がする。あたかも寿司の名匠が手さぐりひとつでまったく同じグラム数の酢飯を握ってしまうように。ただの推測です。違っていたら、ごめんなさい。

改行のキビシサはそれだけじゃない。改行をせずにだらだら書いていれば埋没させてしまえる凡庸なフレーズが丸裸になるから、めったな文章は書けないのだ。

たとえば、こんな文章があったとする。

「脱衣場だと思って旅館の板の間で服を脱ぐ。ドアを開けた。そこは厨房だった。私は全裸。これは恥ずかしい。お盆で股間を隠して退散する」

これを句点ごとに改行すると、
ドアを開けた。

そこは厨房だった。

私は全裸。

ね、なんかもう剝き出しでしょ。

とたんに、一行一行をおろそかにできなくなる。

何が言いたいのかといえば、プロのはしくれの目から見ても、東海林さだおさんは、希有《けう》の文筆家であるということだ。

東海林さん、どうかお体を大切に。丸かじりシリーズの通算記録を伸ばし続けてください。

プロ野球のフルイニング出場記録はすでに抜いてしまっているけれど、まだ連続試合出場記録が残っています。メジャー記録は、2632です。


（作家　『焼き鳥の丸かじり』所収）

文春文庫

大《おお》盛《も》り！　さだおの丸《まる》かじり

酒《さけ》とつまみと丼《どんぶり》と

定価はカバーに表示してあります

2023年1月10日　第1刷
2023年1月25日　第2刷

著　者　東海林《しょうじ》さだお
発行者　大沼貴之
発行所　株式会社 文藝春秋

東京都千代田区紀尾井町 3-23　〒102-8008
TEL　03・3265・1211㈹
文藝春秋ホームページ　http://www.bunshun.co.jp

落丁、乱丁本は、お手数ですが小社製作部宛お送り下さい。送料小社負担でお取替致します。

印刷製本・凸版印刷

Printed in Japan
ISBN978-4-16-791989-4